LIFESTYLE

Impressum:

Susanne Hofmann
Edler Käse und seine Geheimisse
ISBN: 3-937939-09-1

Alle Rechte, auch die Übersetzung,
Vervielfältigung und Verbreitung
(ganz oder teilweise) für alle Länder
vorbehalten.

Herstellung: MEDIA KONTOR Stuttgart
Produktion: BUCHMACHEREI Ralf Rüffle

Herausgeber der Reihe: Ralf Rüffle

© Edition LIFESTYLE in der
ReiseArt Verlagsgruppe GmbH
Schillerstraße 17
99423 Weimar

Mail: info@reiseart.com

gedruckt in Österreich
Friedrich VDV, Linz

Susanne Hofmann

Edler Käse und seine Geheimnisse

LIFESTYLE

Inhalt

Vorwort von Susanne Hofmann 6

Die kleine Geschichte der Traditionskäse 8

Zeittafel 8

Die Milch als Ausgangsstoff für die Käseherstellung 10

Die Käsesaison 12

Von der Milch zum Käse 15

Die Käsereifung 18

Klassifizierung 21

Die Familie der Frischkäse 22

Die Familie der Käse aus Ziegenmilch 24

Die Familie der Käse aus Schafmilch 26

Die Familie des Käse mit gepresstem Teig 28

Die Familie der Käse mit nachgewärmtem und gepresstem Teig 30

Die Familie der Weichkäse mit Außenschimmel 32

Die Familie der Weichkäse mit gewaschener Rinde 34

Die Familie der Käse mit Innenschimmel 36

Käselexikon ... 38
92 Käse in ausführlicher Beschreibung
Die Regionen auf einen Blick ... 132

Vom Umgang mit Käse ... 137
Die Aufbewahrung von Käse ... 137

Wann, wie und mit was man den Käse isst ... 139

Käse in der Ernährung ... 141

Getränke zu Käse ... 142

Special: Käse und Wein • Robert Haller ... 143

Das richtige Schneiden der Käse ... 146

Special: ViCulinaris • Johann Mikschy ... 148

Kochen mit Käse • Rezepte ... 150

Glossar ... 168

Wo Sie unseren Käse geniessen können ... 172

Bildnachweis • Danksagung ... 176

Vorwort

Mit diesem Buch wollen wir unsere Erfahrungen und unser Wissen an alle interessierten Käseliebhaber weitergeben. Nicht nur das sanfte Drängen unseres beruflichen Umfeldes treibt uns dazu, sondern auch die sich immer mehr in zwei gegensätzlichen Richtungen entwickelnde Käseproduktion: Käse als Traditionsprodukt, hinter dem Individualität steht, und Käse als Industrieartikel.

Wir haben uns für die Tradition entschieden und beschäftigen uns seit mehr als 30 Jahren mit der Pflege, der Reifung und dem Verkauf handwerklich hergestellter Käse. Darum widmen wir den ersten Teil dieses Buches besonders den Themen Milch sowie Herstellung und Reifung von Käse. Um die Gegensätzlichkeit der beiden Produktionsarten zu veranschaulichen, berichten wir parallel dazu über die industrielle Herstellung.

Letztendlich muss der Konsument entscheiden, welchen Käse er wählt, wobei neben dem Aspekt der gesunden Ernährung natürlich der Geschmack eine wichtige Rolle spielt. Käse ist dabei ein naturbelassenes Milchprodukt, dessen Herstellung teilweise auf jahrhundertealte Traditionen zurückgeht.
Der mittlere Teil – das Lexikon von 92 europäischen Käsen – gibt Ihnen einen fundierten Überblick über das aktuelle Käseangebot.
Der letzte Teil des Buches befasst sich mit den Fragen der Auswahl, des Verzehrs und der Aufbewahrung von Käse.
Sie finden auch eine Anzahl von Rezepten, zubereitet von Johann Mikschy, einem jungen, ambitionierten Koch.

ZEITTAFEL

Geschichte und »Entstehung« des Traditionskäse
von 11000 v. Chr. bis heute

Domestizierung von Schafen			Domestizierung von Ziegen und Rindern		Frischkäseherstellung	
11000 v. Chr.	10000	9000	8000	7000	6000	5000

Die kleine Geschichte der Traditionskäse

Unter Traditionskäse verstehen wir Produkte, die heute noch auf handwerkliche Art hergestellt werden, ausgehend von einer Käsekultur, die wahrscheinlich in der früheren Steinzeit ihren Ursprung hat, sich im 5. Jahrtausend v. Chr. in Mesopotamien technisch schon beträchtlich entwickelt hatte und über Griechenland und Rom bis hin zu den Kelten ausgeweitet hat. Von etwa 600 n. Chr. bis ins frühe Mittelalter entstanden daraus die Grundsorten. Die Besonderheit bei diesen Käsen lag darin, dass man durch die Art des Schimmels, durch Abwaschen oder andere besondere Behandlungen den Käsen einen eigenen Geschmack verleihen konnte.

Zuvor war das nur durch Kräuter und Gewürze bzw. durch Räuchern möglich gewesen.

Die wichtigsten Kulturzentren waren damals die Klöster. Hier wurde auch Käse produziert und deren Herstellungsart weiterentwickelt, da die Mönche oft kein Fleisch essen durften und daher deren Motivation, die Käseherstellung zu verbessern, sehr groß war. Aber auch Bäuerinnen und Almsenner leisteten durch ihren Erfindungsgeist wertvolle Entwicklungsarbeit. Hin und wieder hat der Zufall eine Rolle gespielt. Durch Entdeckung und Nutzung der Bakterien, Schimmel und Hefen konnte Käse gezielter hergestellt werden. Aus den so entstandenen Traditionskäsen, etwa 500 Sorten, wurden in der Neuzeit durch weitere Abwandlung der Rezepturen über tausend Geschmacksvariationen geschaffen. In diesem Buch wollen wir Ihnen 92 der bekanntesten westeuropäischen Traditionskäse vorstellen.

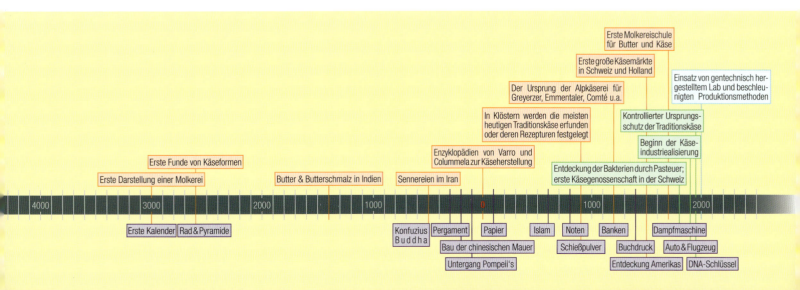

Die Milch als Ausgangsstoff für die Käseherstellung

Die Grundvoraussetzung für die Herstellung von qualitativ hochwertigem Käse ist eine entsprechend hochwertige Milch. Die Qualität der Milch ist abhängig von der Tierrasse, der Fütterung und der Milchbearbeitung. Bedeutung für die Verkäsung hat die Milch von Kühen, Schafen, Ziegen und Büffelkühen.

Die Milch und der daraus hergestellte Käse sind Produkte der Regionen. Durch die Bodenbeschaffenheit und das Klima bildet sich eine individuelle, auf die Region abgestimmte Vegetation, auf der die dafür geeigneten Tierrassen gehalten werden. Aber auch die landwirtschaftliche Bewirtschaftung greift in die Pflanzenentwicklung ein. Eine Naturwiese in unseren Breitengraden setzt sich aus drei Pflanzengruppen zusammen: den Gräsern, den Kleearten und den Kräutern. Bei Gräsern und Kräutern gibt es auch einige für die Futterqualität unerwünschte Arten:

- GIFTPFLANZEN: Sie schaden in erster Linie den Tieren.
- QUALITÄTSENTWERTER: Sie beeinflussen direkt die Milch.
- SCHMAROZERPFLANZEN: Sie rauben erwünschten Futterpflanzen den Platz.

Beeinflusst wird das durch die Standortverhältnisse, das heißt
- ausreichende Wasserversorgung (zuviel fördert feuchtigkeitsliebendes Unkraut – zuwenig bringt dorniges Gewächs),
- ausreichend Licht (verhindert Farnwuchs),
- die Bodenstruktur (beeinflusst die Lebensbedingungen der Pflanzen),
- abwechselnde Nutzung zwischen Mäh- und Weidewiesen sowie
- angemessener Dünger.

Je höher die Wiesen liegen, desto weniger Gräser wachsen und umso mehr Klee und Kräuter gedeihen, die die Qualität der Milch steigern. Zu berücksichtigen ist außerdem noch der Nutzungszeitpunkt, da in jeder Jahreszeit andere Pflanzen wachsen.

Aus dieser unterschiedlichen Vegetation entwickelt sich eine Vielzahl unterschiedlicher Bakterien. Die wichtigsten für die Käseherstellung sind die Milchsäurebakterien, Rotschmierbakterien (*Bakterium linens*) und die Propionsäurebakterien. Diese Bakterien gelangen über das Futter in die Milch und sind verantwortlich für die spätere Gärung und Aromabildung. Die reichhaltige frische Gras- oder Heufütterung allein reicht aber nicht aus. So werden zusätzlich noch Getreide, gekeimtes Getreide, Ölsaaten, Kartoffeln und Futterrüben verfüttert, alles Futtermittel, die den Geschmack der Milch nicht negativ beeinflussen.

In der modernen Massentierhaltung füttert man hauptsächlich Silage (z. B. vergorenen Maishäckseln) unter Zusatz von industriell hergestelltem Mastfutter. Dies steigert zwar die Milchleistung, beeinflusst aber den Geschmack negativ. Die Silofütterung hat zur Folge, das bei der späteren Verkäsung der Milch immer aufwändigere Verfahren wie etwa die Baktofugierung eingesetzt werden müssen. Baktofugen rotieren so schnell, dass Bakterien und Pilzsporen, die aus der Silage stammen, von der Milch getrennt werden. Ferner werden Käsereihilfsstoffe eingesetzt, um den Verderb des Käses durch Sporen von Buttersäurebakterien zu verhindern, die zumeist aus der Silofütterung stammen. Solch Käsereihilfsstoffe sind zum Beispiel Salpeter in Form von Kaliumnitrat oder Natriumnitrat.

Die Gesamtverfassung der Tiere, ihre Behandlung durch den Landwirt, ihr Alter sowie die Art der Tierhaltung beeinflussen ebenfalls die Qualität der Milch. In traditionellen Betrie-

ben leben die Tiere in Ställen, wo sie Kontakt zueinander haben. Dieser Kontakt entspricht den natürlichen Bedürfnissen der Tiere und ist darum für ihr allgemeines Wohlbefinden wichtig. Die Rinderrassen müssen den jeweiligen Landschafts- und Klimaverhältnissen angepasst sein. Durch hochgezüchtete Rassen werden die Anteile an Milchmenge und Trockenmasse oft stark verändert bzw. erhöht. Das führt zu einem verändertem Eiweiß- und Fettaufbau der Milch, deren Qualität zum Verkäsen dann nicht mehr so geeignet ist.

Die Milch enthält eine bakterizide Substanz, die sie in den ersten Stunden nach der Gewinnung schützt. Ohne Tiefkühlung wird die Milch zweimal täglich zur Käserei gebracht und kann daher roh verarbeitet werden. Dies bedeutet, dass bei der Käseherstellung die in der Milch enthaltene Milchflora wirksam wird und dem Produkt seinen individuellen Geschmack verleiht.

Bei der industriellen Milchgewinnung und -verarbeitung hingegen muss die Milch wegen der Anlieferung aus weit entfernten Bauernhöfen haltbar gemacht werden, damit sie transport- und lagerfähig wird. Deshalb kühlt man sie sofort nach dem Melken, um das Sauerwerden zu verhindern. Dies hat zum einen den Nachteil, dass sie leichter von krankheitserregenden Bakterien befallen werden kann und zum anderen, dass sich fett- und eiweißspaltende Bakterien bilden, die bei niedrigen Temperaturen und wenn keine Milchsäure vorhanden ist wirksam werden können. Diese Bakterien sind für die

Käseherstellung weniger geeignet. Sie spalten das Fett und bauen das Eiweiß auf eine Weise ab, dass Bitterstoffe entstehen können. So entwicklet sich eher ein bitterer, leicht ranziger, oft sogar fauliger Geschmack. Durch den Transport im Sammelwagen wird diese Entwicklung noch verstärkt. Diese Milch muss pasteurisiert, also erhitzt werden, um sie weitgehend wieder keimfrei zu bekommen. Erst dann kann sie weiterverarbeitet werden.

Landwirte, die ihre Milch in traditionell arbeitende Käsereien liefern, erhalten dafür mehr Geld – bis zu 30% und darüber hinaus. Voraussetzung allerdings ist, dass sie nur traditionelle und natürliche Futtermittel verwenden. Das bedeutet Getreide, gekeimtes Getreide, Ölsaaten, Heu und Gras, vor allem aber kein Silofutter.

Die Käsesaison

Die Saison wird vor allem durch zwei Faktoren bestimmt: erstens die Jahreszeiten, mit den entsprechenden vegetativen Schwankungen, die den Geschmack der Milch und damit auch den des Käses beeinflussen. Ein zweiter Faktor, der die Saison prägt, sind die Laktationszeiten, also die Zeiten, in der die Tiere Milch geben. Bekommen sie ihren Nachwuchs, gibt es für einige Zeit keine Milch und die Eiweiß- und Fettanteile verändern sich anschließend, bevor sie sich wieder normalisieren. Beim Verkäsen macht sich so eine Veränderung sofort bemerkbar. Sofern es sich um traditionelle Käseherstellung handelt, muss der Käser einige, oft winzige Details in den geregelten Abläufe der Käseproduktion ändern, was aber eine große Wirkung zur Folge hat. So müssen beispielsweise die Einlabtemperatur, die Labmenge oder auch die Bruchbearbeitung ständig der Zusammensetzung der Milch angepasst werden.

Die Laktationszeit der Ziegen

Sie währt von März bis November. Die Nachfrage nach Ziegenkäse wuchs in den letzten Jahren, deshalb suchte man Wege, um eine Verschiebung der Laktationszeit zu ermöglichen.

Man begann Ziegenfrischkäse einzufrieren und ihn dann in der milchlosen Zeit wieder aufzutauen. Aber die kreidige Konsistenz und die Unmöglichkeit diese Käse zu reifen ließen die Züchter bald neue Wege gehen. Es wurde eine hormonelle Behandlung bei den Tieren durchgeführt, um den Fortpflanzungs-Zyklus zu verschieben. Doch auch dies war nicht befriedigend. So wandte man die neu entdeckte Lichtmethode an. Die Herden wurden vergrößert und aufgeteilt. Bei einem Teil wird der Stall im Sommer frühzeitig abgedunkelt und damit Winter simuliert; im Winter lässt man das Licht länger brennen, um sie im Sommer zu wähnen.

Nicht alle Betriebe haben diesen Weg eingeschlagen, denn bei der Ziegenzucht ist der wirtschaftliche Zweig der Zickleinvermarktung ebenfalls zu berücksichtigen, da diese gerade in Frankreich gerne zu Ostern gehandelt werden.

Die Laktationszeit der Schafe und Büffel

Die Laktationszeit von Schafen ist die kürzeste, sie reicht nur von Februar bis Anfang Juni. Auch bei Schafherden wird schon vereinzelt mit der *Lichtmethode* gearbeitet, aber auch die künstliche Befruchtung wird nach wie vor angewandt, jedoch ohne große Bedeutung zu erlangen.

Die Käsetradition ist zu alt und zu erprobt, als dass man sie ändern müsste. Die meisten Käse werden fest produziert und man isst sie dann frischer oder gereifter wie beim *Pecorino*. *Feta* wird in Salzlake konserviert.

Bei den Büffeln beträgt die Laktationszeit ganze 300 Tage, so dass praktisch das ganze Jahr über frische Büffelmilch zur Verfügung steht, ähnlich wie bei den Kühen.

Die Laktationszeit der Kühe

Außer in den Alpgebieten werden die Tierbestände der großen Kuhherden so aufgeteilt, dass sie über das gesamte Jahr verteilt kalben. In Gebieten, in denen noch vermehrt Almwirtschaft betrieben wird, kalben die Tiere meist im Winter, wenn sie durch die Trockenfütterung sowieso schon weniger Milch geben. In den Sommermonaten werden die Tiere dann mit den Milchkühen auf die Alp geführt.

Die Alpsaison

Bis ins 18. Jahrhundert war die Bevölkerung der Meinung, es sei nur auf der Alp möglich Käse herzustellen; erst als 1815 die erste Dorfkäserei gegründet wurde, änderte sich das.

Die traditionelle Berglandwirtschaft hat es schwer. Sie muss erst einmal die Sennerei intakt halten, was aufwändiger ist als im Tal, da sie im Winter wesentlich stärkerer Schneebelastung standhalten muss. Die Zufahrtswege müssen unterhalten und die Alpweiden müssen vor dem »verganden« bewahrt werden. Die zunehmende Mechanisierung hat auf der Alp nur wenig Fuß fassen können und so unterliegt vieles nach wie vor der Handarbeit.

Da die Bergbauern wegen der beschwerlichen Art der Landwirtschaft ihre Erträge nur schwerlich steigern können, hätten sie ohne Unterstützung kaum noch Überlebenschancen. In der Schweiz beispielsweise gibt es eine Vielzahl privater und öffentlicher, genau geregelter Fonds zu deren Unterstützung.

Die Alpsaison dauert etwa 100 Tage, entscheidend sind die Höhe und Lage der Sennerei. Nach dem Almabtrieb kommen die dort produzierten Käse in die Reifekeller. Fünf Monate sollten sie mindestens reifen, nach eineinhalb Jahren werden sie gerne scharf. Das zeigt, dass man beim Kauf von Käse nicht nur die Herkunft berücksichtigen muss, sondern auch die Reifezeit. Wenn die Milch nicht mehr ausreichend war, um einen großen Käse des Typs *Greyerzer* herzustellen, fing man an, kleinere vollfette Käse zu produzieren. Der bekannteste Vertreter dieses »Käsetyps« ist der *Vacherin du Haut-Doubs*, der nur von Oktober bis März produziert wird.

Von der Milch zum Käse

Damit aus der Milch Käse wird, müssen die in ihr vorhandenen festen Bestandteile (Milcheiweiß, Milchfett, Milchzucker und Mineralstoffe) von den flüssigen getrennt werden. Das Milcheiweiß setzt sich aus drei Eiweißarten zusammen. Durchschnittlich liegt der Anteil des Caseins, das für die Käseherstellung am wichtigsten ist, bei ca. 3%, der Anteil des Albumins bei ca. 0,6% und der des Globulins bei ca. 0,03%. Man erhält aus einem Liter Milch etwa 70–120 g Käse.

Milch einlaben oder »dicklegen«

Bei der Käseherstellung sind zwei verschiedene Verfahren zu unterscheiden: Einmal das Ausfällen des Caseins mittels Milchsäure und zum anderen mit Lab, einem Enzym.

Stellt man die Milch warm (ca. 20 °C), so bilden die in ihr enthaltenen oder zugesetzten Milchsäurebakterien aus Milchzucker die Milchsäure, die zur Gerinnung der Milch führt. Die Milch gerinnt innerhalb eines Tages. Durch Abtropfen der Molke erhält man den Frischkäse oder Quark, der bereits verzehrfertig ist. Daraus kann man aber auch Sauermilchkäse herstellen.

Eine gebräuchlichere Methode des Ausfällens ist die Zugabe von Lab, einem organischen Gerinnungsmittel, das aus Kälbermägen extrahiert wird. In der industriellen Verarbeitung werden auch Labersatzstoffe aus Schimmelkulturen oder Enzyme aus anderen Quellen verwendet. Sie wirken sich aber nicht immer vorteilhaft auf die Aromabildung aus.

Je nachdem, welcher Käse hergestellt werden soll, sind die Arbeitsgänge zu wählen: das Laben (Zugabe spezifischer Reifekulturen), Bearbeiten der geronnenen Milch, eventuelles Nachwärmen der bearbeiteten Bruchmasse, Einfüllen in Formen, Abtropfen oder Pressen, Salzen und unterschiedliche Behandlungen während der Reifung.

Bereits beim Einlaben, also der Zugabe von Lab zur Milch, wird über die Konsistenz des herzustellenden Käses entschieden. Die Zugabe einer größeren Menge Lab sowie eine höhere Einlabtemperatur bewirken mit, dass der Käse eine festere Konsistenz erhält.

Ob nun Munster, Camembert oder Roquefort produziert wird, hängt von der Zugabe der spezifischen Reifekulturen ab. Diese spezifischen Kulturen, ob rotschmierbildende oder Schimmelkulturen, haben eines gemeinsam: Sie wurden einmal besonders guten Fabrikationen entnommen und werden als Hauskulturen weitergezüchtet. Da man sich heute nicht mehr auf den Zufall verlässt, gibt man bei jeder Produktion etwas von der Hauskultur bei.

Bruch schneiden

Die anschließende Bearbeitung des Bruches richtet sich nach der später gewünschten Konsistenz des Käses: je fester der Käse werden soll, desto intensiver wird der Bruch geschnitten und gerührt, und je weicher, desto weniger wird der Bruch bearbeitet. Bei einigen Weichkäsen erfolgt überhaupt keine Bearbeitung, er wird direkt in die Form geschöpft.

Nachwärmen

Bei Käse mit intensiv bearbeitetem Bruch schließt sich ein Nachwärmen an. Das Bruchkorn wird in der Molke auf etwa 50 °C erwärmt, um dem Korn weitere Flüssigkeit zu entziehen.

Pressen

Das feste Bruchkorn wird nun in Formen abgefüllt. Käse mit erwünschter fester Teigbeschaffenheit werden in der Form gepresst, um noch mehr Molke zu entziehen. Weichkäse hingegen lässt man in der Form ohne Pressung abtropfen. Es gibt noch eine weitere Behandlungsmöglichkeit des ausgerührten Bruchkorns. Man lässt es zu Boden sinken und zu einem Bruchkuchen zusammenwachsen. Nun wird ein Teil der Molke abgezogen und der Bruchkuchen leicht gepresst. Die abgezogene Molke wird erwärmt und wieder auf den leicht gepressten Bruchkuchen zurückgeführt. Nun erfolgt eine Art Reifung, bevor der Bruchkuchen in kleine Schnitzel geschnitten wird. Für die *Cantalais* (zu denen auch der *Cheddar* gehört) werden die Bruchschnitzel gut eingesal-

zen und in Formen gepresst. Für die *Filata*-Käse (leitet sich von *filare* – spinnen, ziehen ab) werden die Bruchschnitzel mit 60–95 °C heißem Wasser überbrüht und geknetet. Aus der daraus entstandenen glatten, elastischen und formbaren Masse werden dann die Käse gezogen, etwa der *Mozzarella*.

Salzbad

Danach kommen die Käse in ein Salzbad. Alle Käse werden gesalzen. Dies kann entweder durch leichtes Eindrücken des Salzes in die Käseoberfläche oder durch Einlegen in eine Salzsole (Salzbad) geschehen.

Das Salzen verleiht dem Käse eine bestimmte Würze und es steuert je nach Käseart die gewünschte Rindenbildung und damit auch die spätere Reifung.

Die industrielle Käseherstellung gleicht der traditionellen, doch unterscheidet sie sich in der Ausführung und Technik. So wird für die industrielle Herstellung pasteurisierte Milch verwendet (vor 1935 gab es in Frankreich noch keinen pasteurisierten Käse). Durch die Pasteurisierung bleibt ein Teil des Albumins am Casein haften, während es bei der Verkäsung von Rohmilch mit verschiedenen Mineralsalzen in die Molke übergeht. Durch das anhaftende Albumin kann man die Ausbeute zwar erhöhen, aber es führt auch zu einer etwas pastöseren Konsistenz. Diese höhere Ausbeute wird noch gesteigert durch die so genannte Ultrafiltration. Bei diesem Verfahren wird durch das Herausfiltern von Wasser die Trockenmasse der Milch angereichert.

Um aus pasteurisierter Milch Käse herzustellen, müssen im Labor gezüchtete Milchsäurebakterien und spezifische Reifekulturen zugesetzt werden. Das so hergestellte Produkt erhält seinen Geschmack von den verwendeten Kulturen. Mit diesen Kulturen hat man auch die Möglichkeit, die Reifung gezielt zu lenken. Das heißt, dass man etwa bei Weichkäse Kulturen verwenden kann, die das Eiweiß nur sehr langsam abbauen, oder solche, die es normal abbauen und ab einem bestimmten Reifegrad stoppen. Beides führt zu längerer Haltbarkeit.

Bei festen Käsen wäre eine längere Lagerung notwendig, damit die sich gebildete Milchsäure abbaut, falls man den Käse nicht sauer verkaufen möchte. Längere Lagerung führt aber zu Gewichtsverlusten und kostspieliger Lagerhaltung. Um dies zu umgehen, verhindert man durch Zusatz bestimmter Bakterien die normale Milchsäuregärung, mit dem Resultat, dass man den Käse früher verkaufen kann. Es verbleibt dann allerdings ein leicht süßlicher Geschmack. Mit beiden Herstellungsverfahren kann man Käse gleichen Namens herstellen. Die industrielle Art der Herstellung führt zu standardisierten Produkten. Sie sind im Geschmack nicht zu ausgefallen, um möglichst viele Gaumen anzusprechen, und die Lagerhaltung ist einfacher.

Die Käsereifung

Der letzte Schritt der Käseherstellung ist die Reifung. Sie verleiht dem Käse seinen sortentypischen Geschmack. Bei der Reifung arbeiten im Käse enthaltene Bakterien, Enzyme, Hefen und Schimmel. So entstehen aus der kreidigen Ausgangsmasse des Frischkäses bei geeigneter Temperatur, Luftfeuchtigkeit, Reifedauer und unterschiedlicher Behandlung die jeweiligen Käse.

Während den vorangegangenen Herstellungsabschnitten hat die durch die Milchsäurebakterien produzierte Milchsäure die Milch bzw. den frischen Käse vor Fäulnisbakterien geschützt. Bei der Reifung dient sie den Hefen, Schimmeln und Enzymen als Nährboden, um diese Säure abzubauen und damit anderen Bakterien und Schimmeln – den so genannten spezifischen Reifebakterien – die Entwicklung zu ermöglichen. Durch dieses Zusammenspiel von Bakterien, Schimmeln, Hefen und Enzymen wird das Eiweiß des Frischkäses teilweise um- oder zu den Aminosäuren abgebaut. Das macht den Käse auch leichter verdaulich. Durch die

Vielzahl der Bakterien entsteht in Verbindung mit dem handwerklichen Schöpfen bei Weichkäse eine elastische, bei dem Ausrühren der Bruchmasse für festeren Käse eine sämige bis leicht mürbe Konsistenz. Während der Reifung findet auch eine teilweise Fettspaltung statt, die für die Aromabildung wichtig ist.

Der Affineur, also der Käsereifer, hat die Aufgabe, jeden Vorgang der Reifung einerseits optimal auf das Ausgangsprodukt Frischkäse und andererseits auf den werdenden Käse abzustimmen.

Dabei hat er ganz verschiedene Möglichkeiten: Bei Käse mit Außenschimmel z.B. ist auf ein gleichmäßiges Abtrocknen zu achten, damit sich eine regelmäßige Schimmelflora bilden kann, die proteolytische Enzyme entwickelt, welche zum Weichwerden der Käsemasse führen. Ein weiteres Mittel, gezielt die Entwicklung einzelner Bakterien zu fördern, ist das regelmäßige Abwaschen. Durch die Verwendung von Salzwasser beim Waschen, die Zugabe von Kräutern zum Wasser oder durch das Waschen mit Wein, Bier oder Apfelwein werden einzelne Bakterienarten in ihrer Entwicklung gefördert. Dadurch erhält der Käse seinen sortentypischen Geschmack.

Unterschiedliche Geschmacksnuancen lassen sich auch durch höhere oder durch niedrigere Lagertemperatur sowie eine unterschiedliche Feuchtigkeit erzielen. Dadurch wird die Vielzahl der Bakterien im Käse gefördert. Bei der Reifung der industriell hergestellten Käse ist dieses Wechselspiel bedeutungslos, da sie nicht mit einer solchen Vielzahl von Bakterien arbeitet.

Klassifizierung

Nach der deutschen Käseverordnung werden die Käse nach dem Wassergehalt in der fettfreien Käsemasse eingeteilt: in Frischkäse, Weichkäse, halbfeste Schnittkäse, Schnittkäse und Hartkäse, Sauermilchkäse, Ziegenkäse, Schmelzkäse und Käsezubereitung. Da die einzelnen Käse in verschiedenen Fettstufen hergestellt werden können, muss bei der Klassifizierung auch der Fettgehalt berücksichtigt werden: Magerstufe, Viertelfettstufe, Halbfettstufe, Dreiviertelfettstufe, Fettstufe, Vollfettstufe, Rahmstufe, Doppelrahmstufe, also von 0–75 % Fett in der Trockenmasse.

Da man außer Kuhmilch auch Ziegen- und Schafmilch zur Herstellung verwenden kann, muss dies zusätzlich bei der Auszeichnung kenntlich gemacht werden, etwa bei »Frischkäse aus Ziegenmilch« oder »Schnittkäse aus Schafmilch«.

Nach dieser Einteilung werden *Roquefort* und *Reblochon* in dieselbe Gruppe eingeteilt. Bei Käse, dem durch gezieltes Trocknen Wasser entzogen wird, wie bei Gouda oder Ziegenkäse, muss die Käsegruppe zur Deklarierung ständig geändert werden. Weitaus übersichtlicher ist daher die Einteilung nach der Herstellung. So unterscheiden wir:

• Den Herstellungsbetrieb
Käse aus industrieller Herstellung und demgegenüber Käse aus handwerklicher Herstellung (*artisanal* – handwerklich)

• Die Herstellungsart
Nach der Milch und der Art des Herstellungprozess wird bei uns der Käse in acht grosse Käse-Familien eingeteilt:

- Frischkäse
- Käse aus Ziegenmilch
- Käse aus Schafmilch
- Käse mit gepresstem Teig
- Käse mit nachgewärmtem und gepresstem Teig
- Weichkäse mit Außenschimmel
- Weichkäse mit gewaschener Rinde
- Käse mit Innenschimmel

Da diese Einteilung aufschlussreicher ist, ermöglicht sie es, eine sehr gezielte Auswahl für zum Beispiel eine Käseplatte zu treffen.

Die Familie der Frischkäse

Es gibt zwei Arten von Frischkäse, eine, die man frisch vor der eigentlichen Reifung des Käses verzehrt, und die andere, die man ganz gezielt als Frischkäse herstellt.

Allen Frischkäsen ist gemeinsam, dass sie keine Reifung aufweisen, sie sind also unmittelbar nach der Herstellung fertig zum Verzehr. Zur Verarbeitung dieser Frischkäse wird vorwiegend Kuhmilch verwendet.

Für ein Kilogramm Käse benötigt man etwa sechs Liter Milch. Es kann entrahmte, teilentrahmte, nicht entrahmte (Vollmilch) oder mit Rahm angereicherte Milch verwendet werden. Entsprechend beträgt der Fettgehalt der Frischkäse 0–75% Fett in der Trockenmasse. Die Herstellung verläuft in der Regel wie folgt:

das Einfüllen in Formen und ein langsames Abtropfen von noch einmal zwölf Stunden Dauer. Bedingt durch diese Herstellung verbleibt relativ viel Wasser in diesem Käse.

Wegen des hohen Wassergehaltes sind Frischkäse nur sehr begrenzt haltbar. Frischkäse sollen säuerlich aromatisch schmecken, zart und cremig sein und außer bei *Cottage cheese* keine Körnchen haben.

Von diesem Herstellungsprozedere gibt es auch einige Ausnahmen. So wird beispielsweise *Mascarpone* durch das Erhitzen von Rahm unter Zugabe von Zitronensäure hergestellt.

Ricotta erhält man durch das Erhitzen von Molke und *Mozzarella* wird nach dem Formen gebrüht. Dadurch bekommt er eine feste Haut. Durch den leichten Wasserentzug beim Brühen

Die Gerinnung der Milch vollzieht sich unter der Zugabe von sehr wenig Lab fast ausschließlich durch die Milchsäure. Dabei ist die Temperatur mit ungefähr 20 °C relativ niedrig (die Einlabtemperatur kann bei anderen Käsen bis über 30 °C betragen).

Entsprechend lang ist die Ausdickungszeit, sie beträgt etwa 24 Stunden. Anschließend erfolgt

wird der Käse auch insgesamt fester und damit länger haltbar.

Der Vollständigkeit halber sei an dieser Stelle noch darauf hingewiesen, dass neben den oben genannten Käsen, die gezielt als Frischkäse hergestellt werden, auch einige Weichkäse vor der Reifung (also noch als Frischkäse) verzehrt werden, so etwa *Munster frais* oder *Sainte-Maure frais*. Deren Herstellung ist jedoch identisch mit der Herstellung der jeweiligen Weichkäse, die an anderer Stelle ausführlich beschrieben wird.

Bekannte Sorten sind

Mozzarella di bufala, Ricotta, Robiola, Caprini di Capra, Toma, Brillat Savarin, Leitzachtaler Ziegenkäse, Munster frais, Sainte-Maure frais

Verwendung in der Küche

Frischkäse mit normalem Molkeanteil und Fettgehalt, also Quark, kann man mit etwas Sahne verrühren und damit Gratins verfeinern. Sie verleihen dem Gericht eine aromatische Note und verhindern überflüssige Fettzufuhr.

Diese Käse kann man auch sehr gut zuckern, salzen oder mit frischen Früchten oder Kräutern aus dem Garten mischen.

Frischkäse mit einem niedrigeren Molkeanteil und niedrigem Fettgehalt sind sehr gut zum Backen geeignet, zum Beispiel für Soufflès, Kuchen, Brot, Feingebäck, Quarkknödel und Nudelfüllungen. Man erzielt damit eine leichte und luftige Konsistenz.

Frischkäse wie den *Mozzarella* kann man mit Olivenöl, Salz und Pfeffer essen. Man kann ihn mit Tomaten, Basilikum etwas Olivenöl und Essig als Salat zubereiten. Auch zum Überbacken von Gemüse, insbesondere Auberginen, ist dieser Frischkäse bestens geeignet.

Sehr delikat schmeckt frischer Ziegenkäse mit Öl, Gewürzen und Senfsaucen oder leicht angewärmt auf einem mit Nussöl abgeschmeckten Salat. Die Elsässer runden ihren weißen Munster mit einem Schuß Kirschwasser ab.

Die Familie der Käse aus Ziegenmilch

Ziegen geben je nach Rasse, Alter und Fütterung 240 Tage im Jahr Milch, die Menge liegt bei 600–800 Liter. Ursprünglich gaben sie von November bis Februar keine Milch, aber gerade zu Weihnachten war die Nachfrage immer sehr groß und so suchte man Wege, auch in dieser Zeit frischen Ziegenkäse anzubieten. Man versuchte Ziegenfrischkäse, der während der Milchzeit produziert wurde, einzufrieren, um ihn in den Wintermonaten zu verwenden, die Qualität ließ aber zu wünschen übrig. Dann wurde durch Hormongaben versucht, den Fortpflanzungsrhythmus zu verschieben. Auch dies brachte kein zufriedenstellendes Ergebnis. Heute wird bei ausreichend großem Tierbestand hauptsächlich die *Lichtmethode* verwendet. Die Ziegen werden frei in großen Stallungen gehalten, in denen das Licht reguliert wird. Frühes Abdunkeln des Lichtes im Sommer und verlängerte künstliche Beleuchtung im Winter verändern den natürlichen Rhythmus, so ist es möglich, das ganze Jahr über frischen Ziegenkäse anzubieten.

In Frankreich unterscheidet man zwei Gebiete hinsichtlich der Verarbeitung der Ziegenmilch: In Mittelfrankreich erstreckt sich von der *Bourgogne* über *Centré* ein Gebiet, in dem Ziegenkäse überwiegend in traditioneller Weise auf Bauernhöfen hergestellt wird. An der Westküste *Poitou-Charentes* entstanden Käsereien, die die Ziegenmilch aus den umliegenden Gebieten sammeln und verarbeiten.

Ziegenmilch weist einen anderen Fett- und Eiweißaufbau auf als Kuhmilch. Das führt zu einer Oxidation des Milchfettes, wenn man Ziegenmilch längere Zeit aufbewahrt und verursacht den so genannten »bockelnden« Geschmack der Milch, der bei der Verarbeitung erhalten bleibt.

Bei der traditionellen Herstellung auf Bauernhöfen hingegen wird die Ziegenmilch frisch und ungekühlt verarbeitet. Der so hergestellte Käse ist sehr mild und hat den typischen, leicht säuerlichen, haselnussartigen Ziegenmilchgeschmack.

Ziegenmilch wird zur Käseherstellung immer als Vollmilch verwendet. Gelegentlich wird sie – aus Gründen der Geschmacksvariation – mit Schafmilch gemischt oder mit Kuhmilch gestreckt.

Ziegenmilchkäse kann auf die gleiche Weise wie Kuhmilchkäse hergestellt werden. Man erhält dann Weichkäse mit Außenschimmel, Käse mit gewaschener Rinde, Käse mit gepresstem Teig und Käse mit Innenschimmel, diese Herstellungsart wird jedoch selten angewendet.

Die typische Herstellung von Ziegenkäse verläuft wie folgt: Die Milch wird bei einer niedrigen Temperatur von 20–24 °C mit sehr wenig Lab eingelabt. Darauf folgt eine relativ lange Ausdickungszeit von acht bis zwölf Stunden. Der Bruch wird ohne Bearbeitung in die Formen geschöpft. Als Besonderheit sei hier erwähnt, dass sich in Frankreich spezielle Formen entwickelt haben, die nur für Ziegenkäse verwendet werden. Einige dieser Formen sind: Pyramide, Kegel, sich verengende Rollen und verschiedene kleine Formen, die zum Teil nur die Größe von Münzen haben. Bei einer anderen Herstellungsart wird der Bruch in Leinentücher gegeben, damit die Molke abtropft und trockener Quark entsteht. Dieser Quark, den man auch frisch verzehren kann, wird gepresst und in Formen gegeben. Dann erfolgt die übliche Weiterverarbeitung.

Eine Besonderheit bei Ziegenkäse ist das Bestreuen mit Asche. Es handelt sich um Edelasche, die vorwiegend aus dem Holz von Rebstöcken stammt. Sie wird zu Pulver gemahlen und, oft mit Salz vermischt, durch ein Sieb über den Käse gestreut. Die gleichen Käsesorten werden auch ohne Asche angeboten. Sie werden dann von Hand gesalzen, wobei das Salz leicht in den Käse gedrückt wird. Früher brauchte man die Asche zur Konservierung. Mittlerweile hat man festgestellt, dass die Asche noch eine weitere Wirkung hat: Sie neutralisiert teilweise die Milchsäure, so dass der Käse dezenter schmeckt. Die Asche selbst hat keinen starken Eigengeschmack und ist nicht schädlich; sie kann mit dem Käse verzehrt werden.

Ziegenkäse kann frisch gegessen werden. Er hat dann einen erfrischenden, leicht säuerlichen Geschmack. Oft wird er als Frischkäse mit Kräutern vermengt, oder er wird an der Luft getrocknet. Weil er dort keinen Schimmel ausbildet, bleibt er leicht säuerlich. Er kann auch halbtrocken genossen werden. Dazu wird er langsam getrocknet, wobei sich außen ein Milchschimmel bildet, der die Säure im Käse verzehrt. So bekommt der bäuerlich hergestellte Ziegenkäse ein Aroma, das an noch nicht ganz reife Haselnüsse erinnert. Läßt man den Käse weiter reifen, entwickelt sich der Schimmel (Penicilium), der dem Roquefortschimmel ähnelt, auf der Käseoberfläche weiter.

Er ist ein Fettspalter und bedingt einen leicht seifigen Geschmack.

An der Art des Schimmels kann man auch den Herstellungsbetrieb erkennen. So wird der weiße Schimmel *(Penicilium candidum)* nur in industriellen Käsereien aufgesprüht. Wird Ziegenmilch mit Kuhmilch gemischt, trennt sich am Ende der Reifung das Casein der beiden Milchsorten, und die Rinde hebt sich ab.

Käse, die aus gefrorenem Quark hergestellt werden, erkennt man daran, dass sie nicht reifen.

Bekannte Sorten sind:

Crottin de Chavignol, Rocamadour, Selles-sur-Cher, Picodon, Chevrotin, Bouton de Culotte, Chabichou, Mothais, Charolais, Pechegos, Tomme de Chèvre, Valençay, Taupiniere, Sainte-Maure, Banon, Rocchetta, Rouelle, Ibores, Majarero

Verwendung in der Küche

Frischen Ziegenkäse kann man zum Beispiel zum Überbacken verwenden, wie ausführlich im Kapitel über die Frischkäse erläutert wurde. Halbtrockene Ziegenkäse schmecken ausgezeichnet, wenn man sie in aromatisiertem Öl einlegt. Trockene Ziegenkäse können pulverisiert werden, nachdem man die Rinde entfernt hat. Das gewonnene Pulver kann in Brotteig oder Saucen verarbeitet werden.

Die Familie der Käse aus Schafmilch

Die ursprüngliche Heimat des Schafes war Asien. Von dort gelangte es während der Zeit der Völkerwanderungen über Mesopotamien nach Südosteuropa, insbesondere nach Griechenland, und später auch nach Mitteleuropa.

Auch auf Sardinien wurde bereits in prähistorischer Zeit aus Wildschafen (Mufflons) eine besondere sardische Rasse gezüchtet. Sowohl auf der spanischen als auch der französichen Seite der Pyrenäen sind das Schaf und der Schäfer schon seit dem Neolitikum (Jungsteinzeit) bekannt. Noch heute wird die Schafzucht hauptsächlich im Mittelmeerraum betrieben.

chen, anschließend werden die Mutterschafe gemolken. Sie geben drei bis vier Liter Milch pro Tag, das ergibt dann einen Jahresertrag von 400–500 Litern pro Schaf.

Die Verarbeitung der Schafmilch erfolgt grundsätzlich wie die der Kuhmilch und immer als Vollmilch. Die Schafmilch wird dabei nicht ausschließlich in Reinform zu Käse verarbeitet, sondern manchmal auch gemischt. Soll die Milch gestreckt werden, nimmt man Kuhmilch, zur Geschmacksbereicherung dagegen dient eher die Ziegenmilch.

Weil die Schafe nur etwa ein halbes Jahr lang Milch geben, konnte früher nur in dieser Zeit Schafkäse hergestellt werden. In der relativ kurzen Laktationszeit der Mutterschafe verzehrte

Vergleicht man das Schaf und die Kuh als Milchproduzenten, so fällt auf, dass die Schafe nicht das ganze Jahr über Milch geben, sondern nur ein halbes Jahr, und dass ihre Milch eine wesentlich höhere Trockenmasse (Fett, Eiweiß, Milchzucker) aufweist.

Je nach Rasse und Klima lammen die Schafe etwa von Juli bis November, dann gibt man den Lämmern eine Saugzeit von vier bis fünf Wo-

man die Käse als Frisch- und Weichkäse, in der übrigen Zeit als Käse mit gepresstem Teig, so hatte man während des gesamten Jahres Schafmilchkäse.

Heute empfindet man das als nicht mehr ausreichend und man verfährt wie bei der Ziegenhaltung, indem man mit der so genannten *Lichtmethode* versucht, das ganze Jahr über Schafmilch zu erhalten. Im Sommer werden die Stallungen frühzeitig abgedunkelt und im Winter wird die Tageszeit durch Licht verlängert. Durch diese Irritation lässt sich der Fortpflanzungszyklus verändern und Frisch- und Weichkäse aus Schafmilch sind dann das ganze Jahr über erhältlich.

Bekannte Sorten sind:

Pecorino Toscano, Roquefort, Brebis des Pyrénées, Manchego, La Serena, Idiziábal, Pecorino Sardo, Brin d'Amour, Pérail, Le Fium'Orbu, Tomette de Brebis, Feta

Verwendung in der Küche

Wozu sich frischer Schafkäse in der Küche eignet, haben wir im Kapitel über den Frischkäse bereits beschrieben. Die festeren Schafmilchkäse wie *Brebis des Pyrénées, Manchego* und *Idiazábal* können in Streifen geschnitten unter Blattsalate gemischt werden. Mit getrockneten Schafmilchkäsen wie *Pecorino* lassen sich nicht nur Nudelgerichte verfeinern, sondern auch Pestos abschmecken.

Die Familie des Käse mit gepresstem Teig

Zu dieser Familie zählen viele Käse, die sich durch Form, Konsistenz, Rindenbeschaffenheit und Geschmack unterscheiden. Der Teig wird gepresst, um den Abtropfvorgang zu verstärken. Da sich die Behandlung der verschiedenen Käse nach dem Pressen unterscheidet, ist es möglich, sie in vier Untergruppen einzuteilen.

Bei der Herstellung der Käse wird die zu verarbeitende Milch, es handelt sich vorwiegend um Kuhmilch, die teilentrahmt oder voll verwendet wird, auf 30–36 °C erwärmt. Nach recht kurzer Dickungszeit von etwa 30 Minuten wird die Bruchmasse zu erbsengroßen Bruchkörnern zerkleinert. Dem schließt sich ein leichtes Nachwärmen an. Anschließend wird das Bruchkorn in eine mit Tüchern ausgelegte Form gefüllt und hydraulisch gepresst. Die Intensität des Druckes richtet sich nach der gewünschten Konsistenz: Je geringer der Druck, desto weicher, wie etwa der *Saint-Nectaire*, je stärker der Druck, desto fester wird der Käse, wie der *Tête de Moine*.

Gesalzen wird der Käse trocken oder im Salzbad. Nach dem Abtrocknen werden die Käse nachgesalzen, um eine weitere Rindenverfestigung zu erzielen.

Anders ist die Herstellung beim *Cantal* und *Cheddar:* Bei ihnen wird dem bearbeitetem Bruch die Molke entzogen und man lässt dann den Bruch zu einem »Kuchen« zusammenwachsen. Der zusammengewachsene, leicht getrocknete Bruch wird gemahlen, der gemahlene Bruch wird gesalzen und in Formen gepresst. Die frischen Käselaibe lässt man dann in

einem feuchten Keller bei einer Temperatur von 7–12 °C reifen und wendet sie regelmäßig. Der weitere Ablauf richtet sich nach der jeweiligen Untergruppe.

Eine weitere Möglichkeit der Oberflächenbehandlung ist die Reinigung mit schwach gesalzenem Wasser. Man erzielt dadurch eine geringe Rotschmiere, die anschließend mit Schimmel überwächst, etwa beim *Fontina, Morbier, Taleggio* und *Saint-Nectaire*.

Andere Käse dieser Gruppe werden mit konzentriertem Salzwasser abgewaschen, was ihnen eine intensivere Rotschmiere verleiht, etwa *Vacherin Fribourgeois, Raclette, Tête de Moine* und *Appenzeller*.

Eine weitere Behandlungsmöglichkeit ist das langsame, kontrollierte Austrocknenlassen, wobei die Käserinden abgerieben beziehungsweise gebürstet werden, etwa beim *Gouda* und *Mimolette vieille*.

Beim *Tomme de Savoie* lässt man einen Schimmel wachsen, der während der Reifung von Hand angedrückt wird. Der Käse erhält dadurch eine dickere Rinde. Die optimale Beschaffenheit von Käse kann man an folgenden Kriterien messen: Die weichen Käse dieser Gruppe sollten von einer sämigen Teigbeschaffenheit sein. Beim *Cantal* ist darauf zu achten, dass die anfangs marmorierte Konsistenz verschmolzen ist. Langsam getrocknete Käse müssen Salzkristalle gebildet haben wie zum Beispiel der uralte Gouda.

Bekannte Sorten sind

Saint-Nectaire, Tête de Moine, Cantal, Cheddar, Fontina, Morbier, Taleggio, Vacherin Fribourgeois, Raclette, Appenzeller, Gouda, Mimolette vieille, Tomme de Savoie, Mahón, Trappe Echourgnac

Verwendung in der Küche

Käse wie *Cantal, Saint-Nectaire* oder *Mahón* lassen sich sehr gut zum Abrunden von Kartoffelpürree verwenden. Käse wie Taleggio kann man zusätzlich als Füllung zu Gemüsestrudel beigeben. Käse wie *Appenzeller, Vacherin Fribourgois* und *Tête de Moine* passen wunderbar zu Nudelgerichten wie z.B. Käsespätzle. Nicht nur *Raclette*, sondern auch *Fontina* und *Tomme* eignen sich gut zum Schmelzen. Die getrockneten Käse wie *Gouda* oder *Mimolette* lassen sich zum Abschmecken von Suppen und Käsegebäck verwenden.

Die Familie der Käse mit nachgewärmtem und gepresstem Teig

Das Ursprungsgebiet dieser Käse – mit Ausnahme des *Parmigianos* – sind die Alpenregionen. Die Bauern hatten sie während des Almbetriebes von Juni bis September zur Selbstversorgung hergestellt. Die Herden eines Dorfes wurden zusammengefasst und die erzeugten Käse wurden am Ende der Saison anteilsmäßig verteilt.

Je nach der Herstellung kann man die Käse dieser Familie in zwei Untergruppen einordnen:
- Käse mit mehr oder weniger starker Lochbildung, wie *Emmentaler* oder *Bergkäse* sowie
- Käse ohne wesentliche Lochbildung, wie etwa *Parmigiano* oder *Beaufort*.

Einlaben folgt eine Ausdickungszeit von etwa 30 Minuten. Anschließend wird der Bruch ausgiebig bearbeitet. Es folgt ein Nachwärmen. Dabei wird das Bruchkorn in der Molke unter ständigem Rühren auf bis zu 53 °C nachgewärmt, wobei es noch eine Größe von zwei bis drei Millimeter hat. Durch das Nachwärmen wird dem Bruchkorn Flüssigkeit entzogen. Dadurch bekommt es die notwendige Elastizität, die zur Ausformung der Lochbildung beiträgt.

Dann erfolgt das Ausschöpfen mit einem Leinentuch, wobei der Bruch mit einem Mal aus dem Käsekessel gehoben wird. Anschließend wird der Käse unter mehrmaligem Wenden etwa 24 Stunden gepresst. Das Pressgewicht beträgt dabei bis zu 2000 Kilogramm für einen Käse mit einem Gewicht von etwa 120 Kilogramm. Durch die Herstellung und das starke Pressen

Die Milch beider Gruppen wird auf etwa 32 °C erwärmt. Der Milch, die zur Herstellung von Käse mit Lochbildung bestimmt ist, wird zur Unterstützung der natürlichen, in der Milch enthaltenen Propionsäurebakterien noch eine Kultur dieses Stammes zugesetzt, die später für die Lochbildung verantwortlich sind. Auf das

tritt sehr viel Flüssigkeit aus, und man erhält entsprechend wenig Käse (aus 100 Litern Milch etwa sechs bis acht Kilogramm).

Nach dem Pressen wird der Käse gesalzen. Dazu legt man ihn eine Woche in eine Salzlösung mit einem festgelegten Salzgehalt. Nach diesem Salzbad werden die Käse noch einige

Male nachgesalzen, was zur besseren Rindenbildung beiträgt. Nach einer Abtrocknungszeit von 10–14 Tagen kommt der Käse für sechs bis acht Wochen in den Gärkeller, wo bei einer Temperatur von 22–24 °C das Wachstum der Propionsäurebakterien gefördert wird. Die Milchsalze wie Calciumlactat werden in Essigsäure, also Acetat, Propionat und Kohlendioxid, umgesetzt. Das führt zur Lochbildung. Die Reifung bei diesen Käsen vollzieht sich bei einer Temperatur von 12–14 °C und einer Luftfeuchtigkeit von etwa 90 % gleichmäßig im ganzen Teig. Während der Reifung werden die Käse zweimal pro Woche gereinigt, also mit Wasser abgerieben, abgebürstet oder abgekratzt. Andere Sorten dagegen, wie etwa der *Greyerzer*, werden gezielt mit Salzwasser abgewaschen, um die Rotschmierkulturen zu fördern. Durch

den Austritt der Feuchtigkeit ist der Käse außen in Rindennähe besonders hart. Bei einer Behandlung der Rinde ist dieser Bereich auch im Geschmack intensiver, das Herzstück hingegen ist am weichsten und mildesten.

Erwähnt sei noch, dass die Käse einen Fettgehalt in der Trockenmasse von 30–50 % aufweisen, die Milch wird teilentrahmt oder als Vollmilch verarbeitet. Die optimale Beschaffenheit der Käse kann man an folgenden Kriterien messen:

Die Löcher müssen gleichmäßig verteilt sein, sie müssen rund sein und beim Emmentaler kirsch- bis walnussgroß. Die Reifezeit, die mindestens drei Monate beträgt, ist dann optimal, wenn sich in den Löchern des Emmentalers oder den Rissen bei anderen Käsen Salzwasser sammelt oder kleine Kristalle entstehen, was nach sechs bis zwölf Monaten der Fall ist. Dies sind Konglomerate aus Aminosäuren, die bei der Eiweißreifung gebildet werden, und kein Schimmel, wie manchmal irrtümlich angenommen wird. Bei manchen Käsen ist die optimale Qualität dann gegeben, wenn weiße Punkte (die Konglomerate aus Aminosäuren) im Teig oder in den kleinen Löchern sind.

Bekannte Sorten sind

Beaufort, Bergkäse, Comté, Greyerzer (Gruyère), Sbrinz, Parmigiano Reggiano, Emmentaler, Gailtaler

Verwendung in der Küche

Die weicheren Käse dieser Familie lassen sich zum Füllen von Fleisch verwenden, wie beispielsweise beim Cordon Bleu. Sie sind auch genauso wie die trockenen Sorten dieser Gruppe zum Gratinieren von Gemüse, Fleisch und Geflügel hervorragend geeignet.

Die trockenen Käse eignen sich zu Füllungen anstatt Weißbrotbröseln, da sie nicht nur für eine homogene Masse sorgen, sondern auch den Geschmack verbessern.

Mit allen Käsen dieser Gruppe kann Käsefondue und Suppe bereitet werden.

Die Familie der Weichkäse mit Außenschimmel

Typisch für diese Käse ist die Schimmelrinde. Sie verleiht ihnen ein flaumiges Aussehen. Hergestellt werden die Käse vorwiegend aus Kuhmilch, die Gerinnung erfolgt durch Zusatz von Lab. Es kann teilentrahmte Milch, Vollmilch oder mit Rahm angereicherte Milch verwendet werden. Ihr Fettgehalt beträgt entsprechend 45–75% in der Trockenmasse. Für ein Kilogramm benötigt man etwa acht Liter Milch.

Bei der Herstellung der Käse mit Außenschimmel wird zunächst die Milch auf 28–30°C temperiert. Dann wird die Milch bei gleicher Raumtemperatur eingelabt – damit beginnt die Eiweißgerinnung. Die Ausdickungszeit, in der sich der Bruch bildet, beträgt zwei Stunden. Anschließend wird der Bruch ohne weitere Bearbeitung in die Form geschöpft. Dieses Schöpfen muss sehr vorsichtig von Hand ausgeführt werden, damit der Bruch nicht zerstört wird. Die Formen werden dabei nicht auf einmal gefüllt, sondern bis zu fünfmal, damit die Molke gleichmäßiger austreten kann.

Nach einer Abtropfzeit von acht Stunden wird der Käse in der Form einmal gewendet, damit er eine gleichmäßige Konsistenz erhält. Nach weiteren acht Stunden ist der Käse fest genug, um aus der Form genommen zu werden. Jetzt wird der Käse in der Trockenkammer auf die Käsehorden gelegt, das sind Paletten, deren Oberfläche aus feinen Stäben besteht. Auf den Horden kann die aus dem Käse austretende Molke abtropfen. So vermeidet man, dass der Käse in der Molke liegt, das würde die Reifung an dieser Stelle beeinträchtigen. Nun wird der Käse auf der Oberseite gesalzen und mit einer Schimmelkultur, dem *Penicilium candidum*, besprüht.

Nachdem der Käse drei Tage unbearbeitet liegen geblieben ist, wird er gewendet, auf dieser Seite gesalzen und mit der Schimmelkultur besprüht. Anschließend bleibt der Käse noch einmal drei Tage ohne Bearbeitung in der Trockenkammer. In diesen sechs Tagen festigt sich der Käse und an seiner Oberfläche bildet sich der Schimmel aus.

Von der Trockenkammer kommt der Käse in den Reifekeller, in dem eine Temperatur von 8–10°C herrscht. Damit sich während der

Reifung der Schimmel möglichst gleichmäßig entwickelt, wird der Käse in den ersten vier bis fünf Tagen täglich gewendet, anschließend noch zweimal wöchentlich. Eine gleichmäßige Entwicklung des Schimmels ist unbedingt notwendig, weil der Schimmel – neben der Milch mit ihrer Flora – den Charakter des Käses prägt. Die Reifezeit von drei bis vier Wochen ist relativ kurz. Bei den sehr flachen Käsen ist die Reifung, die von außen nach innen erfolgt, bald abgeschlossen. Hat der Käse seine optimale Reife erreicht, muss der Teig eine elastische Masse sein und auf der Oberfläche rötliche Pigmentflecken aufweisen. Eine Ausnahme ist der *Chaource*,

Bekannte Sorten sind

Gratte-Paille, Pierre Robert, Chaource, Cœur de Neufchâtel, Camembert, Brie de Meaux, Coulommiers, Feuille de Dreux, Fougerus, Olivet, Saint-Marcellin, Gaperon

Verwendung in der Küche

Mit diesen Käsen kann man sehr schön kleine Aperitivkugeln herstellen. Dazu entfernt man die Käserinde, zerdrückt den Käse mit etwas Butter, schmeckt mit Calvados oder Schnaps ab und wälzt die geformten Kugeln in pulverisiertem Weißbrot, geriebenem Mimolette oder Trüffel.

Aus diesen Käsen lassen sich auch feine Häppchen zaubern. Man wickelt dazu den Käse in Kartoffelteig und bäckt ihn anschließend goldbraun.

der wegen seiner Größe keine vollständige Reifung erfährt.

Durch Temperaturveränderungen kann die Reifung beeinflusst werden: Bei einer niedrigeren Temperatur erfolgt sie langsamer, bei einer höheren wird sie beschleunigt. Allerdings besteht bei einer höheren Temperatur auch die Gefahr einer Fehlgärung, die den Käse verderben kann.

Die Familie der Weichkäse mit gewaschener Rinde

Diese Käse werden überwiegend aus Kuhmilch hergestellt. Dabei kann die Milch teilentrahmt oder voll verwendet werden, sie wird jedoch nicht mit Rahm angereichert. Für ein Kilogramm Käse benötigt man etwa acht Liter Milch.

Die Labtemperatur und die Dickungszeit sind ähnlich wie bei den Käsen mit Außenschimmel. Nach der Ausdickung wird der Bruch mit der Käseharfe in walnussgroße Stücke geschnitten. Dabei tritt Molke aus, die abgeschöpft wird, sobald sich der Bruch in der Wanne abgesetzt hat. Der Bruch wird anschließend von Hand in Formen geschöpft, wobei manchmal Tücher in die Formen gelegt werden, damit der Bruch nicht durch die Löcher austreten kann. Nun lässt man den Bruch abtropfen, wobei manchmal die Formen übereinander gestellt werden, um ein leichtes Pressen zu bewirken. Nach fünf bis sechs Stunden werden die Käse gewendet. Man wäscht dabei die Formen aus oder gibt die Käse in neue Formen, um sicherzustellen, dass die Löcher der Formen offen sind und die Molke gleichmäßig abtropfen kann.

Am ersten Tag werden die Käse vier- bis fünfmal gewendet. Anschließend werden die Käse aus der Form genommen und von Hand rundherum trocken gesalzen. Nun kommen sie für fünf bis sechs Tage in die Trockenkammer, wo sie täglich mindestens einmal gewendet werden.

Anschließend bringt man die Käse in den Reifekeller, wo sie auf Käsehorden bei einer Temperatur von 10–14 °C und einer hohen Luftfeuchtigkeit von etwa 95 % reifen.

Während der Reifezeit werden die Käse jeden zweiten Tag mit einer Kochsalzlösung gewaschen (10 Gramm pro Liter).

Ausnahmen sind der *Reblochon*, der mit Milch abgewaschen wird, und der *Pont l'Évêque*, der lediglich gebürstet wird. Das Abwaschen des Käses verhindert die Schimmelbildung und fördert das in der Milch enthaltene *Brevibakterium linens*, das sehr salzliebend ist und die rötliche Schmiere bildet. Bei einzelnen Sorten, wie etwa bei *Munster*, *Livarot* und *Maroilles*, gibt man dieses Bakterium vor dem Einlaben in die Milch, um die Bakterienbildung zu unterstützen.

Je nach Käsesorte wäscht man entweder mit reiner Salzlösung oder mit einer Salzlösung, der Bier, Tresterbrand, Apfelwein oder Kräuter zugesetzt worden ist. Diese Zusätze unterstützen die Reifung und sind mitverantwortlich für den sortentypischen Geschmack des jeweiligen Käses.

An der so genannten Schmiere kann man die Qualität des Käses erkennen. Wenn sie nur leicht feucht ist und eine rötlich-braune Färbung aufweist, dann ist der Käse qualitativ hochwertig.

Die Käse reifen von außen nach innen. Darum ist die Reifedauer, die zwischen vier Wochen und vier Monaten beträgt, stark von der Größe und Höhe der Käse abhängig. Am Ende der Reifung sollte der Teig geschmeidig und cremig sein. Das *Brevibakterium linens* verbraucht bei der Reifung die im Käse enthaltene Milchsäure. Der gereifte Käse ist deshalb alkalisiert. Der etwas kräftige Geruch entsteht durch Oxidation der Fettsäuren.

Bekannte Sorten sind

Reblochen fermier, Herve, Epoisses, Langres, Mont d'Or, Soumaintrain, Cœur de Rollot, Livarot, Munster, Maroilles, Pont l'Évêque

Verwendung in der Küche

Bei den kräftigen und fruchtigen Sorten dieser Gruppe verläuft die Reifung immer in einem alkalischen Bereich. Daher sollte man bei der Verarbeitung einen Kontrast bieten. Dazu kann man sie mit Essig sauer zubereiten oder mit Gemüse zusammenbringen, die eine Milchsäuregärung erfahren haben, wie zum Beispiel das Sauerkraut.

Aus diesen Käsen kann man auch wohlschmeckende, kräftige Pasteten oder auch Cremes für Canapés herstellen. Als Gewürze sollten bevorzugt Curry, Nelken oder Piment verwendet werden.

Die Familie der Käse mit Innenschimmel

Die Käse mit Innenschimmel werden aus Kuhmilch, Schafmilch und vereinzelt auch aus Ziegenmilch hergestellt. Aus zehn Litern erhält man ungefähr ein Kilogramm Käse. Nach der Farbe ihres Schimmels werden sie als Blaukäse bezeichnet. In Frankreich wird dieser Bezeichnung »Bleu« als Ergänzung die Milchart, der Name der Stadt oder Region beigefügt, in Italien der Reifegrad. So gibt es zum Beispiel *Bleu d'Auvergne, Bleu de Chèvre* oder *Gorgonzola dolce*.

eine gleichmäßige Elastizität bekommt. Diese Elastizität des Bruchkorns ist für die spätere Schimmelverteilung mitverantwortlich.

Ist die gewünschte Elastizität erreicht, wird die Masse in zylindrische Formen geschöpft. Eine Ausnahme bildet der Stilton. Hier wird, wie bei den meisten Käsen aus Großbritannien, der von der Molke befreite und leicht getrocknete Bruch gemahlen und in Formen gefüllt.

Die geformten Käse lässt man bei einer Temperatur von 20 °C drei bis vier Tage abtropfen und wendet sie mehrmals. In dieser Zeit findet eine heterofermentative Milchsäuregärung statt, im Verlauf derer sich Hohlräume für die spätere

Bei der traditionellen Verarbeitung wird die Milch als Vollmilch verwendet. Der Fettgehalt im Käse beträgt dementsprechend etwa 50 %. Die Einlabtemperatur liegt bei 28–32 °C, die Dickungszeit ist mit einer Stunde relativ lang und es erfolgt nur eine geringe Bruchbearbeitung, das heißt der geschnittene Bruch wird nur gerührt.

Dies geschieht auch heute noch öfters von Hand. Dabei wird das Bruchkorn in kleinen Partien so gerührt, dass es von allen Seiten

Schimmelbildung ausbilden. Anschließend wird der Käse trocken gesalzen und vier bis sechs Tage zum Antrocknen gelagert. Dann pikiert man den Käse, das heißt, er wird mit mehreren Nadeln durchstochen. Dabei wird in der Regel gleichzeitig die gewünschte Schimmelkultur *Penicilium glaucum* eingeimpft, und die Luft kann in das Innere des Käses eindringen. Das ist für das Schimmelwachstum notwendig. *Roquefort* und *Stilton* bilden hinsichtlich der Zugabe des Schimmels eine Ausnahme. Bei ihnen wird der pulverisierte Schimmel bereits während des Formens eingestreut. *Stilton* wird nicht pikiert, sondern beim Formen werden Kupferdrähte eingebracht, die die Luftkanäle bilden.

Nach dem Pikieren lagert der Käse in den Reifekellern. Abhängig von der Sorte reift er acht Wochen bis acht Monate bei einer Temperatur von 8–10 °C und einer relativen Luftfeuchtigkeit von 90–95 %.

Die Käselaibe werden auf dem Rand stehend gelagert, damit die beim Pikieren entstandenen Löcher auf beiden Seiten offen sind und die für die Entwicklung des Schimmels notwendige Luftzufuhr gewährleistet ist. Die Reifung er-

folgt bei diesen Käsen gleichmäßig von innen nach außen. Die optimale Reifung ist gegeben, wenn der Schimmel von innen bis außen an den Rand gewachsen ist. Das dauert ungefähr drei Wochen. Dann wird der Käse in Alufolie eingepackt. Somit wird das Wachstum des Schimmels gestoppt. Der weitere Eiweißabbau erfolgt dann über natürliche Enzyme, die dem Käseteig eine cremige bis butterartige Konsistenz verleihen. Bei dieser Art der Reifung entstehen etwa 100 verschiedene Aromastoffe.

Bei den etwas stärker gesalzenen Käsen wie *Roquefort* muss man die Rinde wiederholt abkratzen, um die Entwicklung der salzliebenden, rotschmierbildenden Bakterien zu verhindern. Dagegen wird beim *Gorgonzola* die Rinde mit Salzwasser abgewaschen, um die Rotschmiere zu fördern.

Bekannte Sorten sind

Gorgonzola, Roquefort, Fourme d'Ambert, Bleu d'Auvergne, Bleu de Gex, Stilton, Valdeón

Verwendung in der Küche

Die stärker gesalzenen Käse dieser Gruppe wie *Roquefort* können mit reichlich Öl, Essig und Madeira zu einem Salatdressing verrührt werden, auch lassen sich raffinierte Füllungen – etwa für Lammkeulen – zubereiten.

Die etwas milderen Sorten wie der *Fourme d'Ambert* oder *Stilton* eignen sich zum Gratinieren von Gemüse, die einen kräftigen, aber lieblichen Geschmack haben (etwa Sellerie, Petersilienwurzel, Karotten usw.). Ferner kann man mit diesen Käsen das natürliche Aroma aller Soßen unterstützen.

Mit den milderen Sorten wie *Gorgonzola* oder *Bleu de Gex* verleiht man nicht nur Nudelfüllungen, sondern auch Käsefondue einen besonderen Geschmack. Sie eignen sich ebenfalls zum Überbacken von Fisch- und Fleischgerichten.

92 traditionell hergestellte Käsesorten – vorgestellt mit Bild und Beschreibung ihrer Herkunft, Form, Aussehen und Geschmack, aus welcher Milch sie herhestellt werden und zu welcher Käsefamilie sie gehören. Die Reifezeit wird ebenso angegeben wie der Fettgehalt der Käse. Eine Länderkarte mit Kennzeichnung der Regionen, aus der die Käse kommen, ist ebenfalls abgebildet.

KÄSE LEXIKON

Wie man den Namen des jeweiligen Käses richtig ausspricht, wird in Lautschrift angegeben.
Besonderheiten, Geschichtliches oder auch Anekdotisches zu den Käsen runden die Informationen ab.

Lautschrift
Alle Käsenamen sind klein geschrieben, ein **fett** gesetzter Buchstabe wird betont, ein · bedeutet eine Sprechpause, ein ñ kennzeichnet eine nasale Aussprache (wie in *bon jour – boñ schur*).

Appenzeller

Um 1069 baute das Kloster St. Gallen eine Pfarrei auf, die *Abtzelle* hieß, woraus sich der Name *Appenzeller* entwickelte. Es war ein äbtischer Gutshof, wohin die abhängigen Bauern ihre Zehntenabgabe zu bringen hatten.

Im Verlauf der Reifung werden die Käse mit einer Flüssigkeit bestehend aus Wein, Hefen, Salz, Kräutern und anderen Ingredienzien abgewaschen, was dem Käse seinen besonderen Geschmack verleiht. Die genaue Zusammensetzung wurde früher geheim gehalten und in den Familien vererbt. Heute ist das Rezept weitgehend standardisiert und es werden nur noch etwa 2% der Gesamtproduktion traditionell hergestellt.

Käsename: Appenzeller
Herkunftsland: Schweiz, Kanton Appenzell
Milch: Kuhmilch
Käsefamilie: Käse mit gepresstem Teig
Fett i. Tr.: 50%
Form: Laib mit leicht nach außen gewölbten Seiten, ca. 20 cm Ø, 12 cm hoch, Gewicht ca. 6 kg
Reifezeit: Etwa 6 Monate
Aussehen: Außen gelblich graubraune, trockene Rinde; innen elfenbeinfarbener bis leicht grauer Teig, mit sparsamer regelmäßiger und kleiner Lochung, in der sich Salzwasser sammelt
Geschmack: Außerordentlich fruchtig

Allgäuer Bergkäse

Unter Bergkäse versteht man heute Käse mit nachgewärmtem und gepresstem Teig. Im weitesten Sinne allerdings versteht man unter Bergkäse alle Käse, die in den Alpenregionen hergestellt werden. Als zusätzliche Bezeichnung tragen sie den Namen des jeweiligen Herstellungsgebietes. In einer Urkunde von 1059 wurde erstmals die Bergkäseherstellung in den Oberstdorfer Alpen erwähnt. Dennoch galt im Allgäu die Almwirtschaft in erster Linie der Aufzucht von Jungvieh, besonders der Pferdezucht. Man unterscheidet daher zwei Arten von Alpen: »Galtalpen« – für die Aufzucht von Jungvieh, »Sennalpen« – liegen meist tiefer und werden von Sennern mit Milchkühen bewirtschaftet. Im Tal wurde das Landschaftsbild vom Flachsbau geprägt, daher nannte man es auch das »blaue Land« (Flachs blüht blau). Anfang des 19. Jahrhunderts brach dies zusammen. Flachs wurde durch Baumwolle ersetzt und die häusliche Produktion wurde von den großen mechanischen Webereien geschluckt. Die Sennereien in den Alpen wurden von den nun entstehenden Dorfkäsereien abgelöst (siehe Emmentaler). Johann Althaus, ein Käser aus dem Emmental, brachte seine Rezeptur ins Allgäu, und Carl Hirnbein engagierte die Brüder Groesjan aus Belgien, um den Romadur und Limburger dort herzustellen. Nun kam der Wandel zum »grünen Allgäu« der Weidewirtschaft, in dem der Bergkäse wieder eine wichtige Rolle spielte.

Käsename: Allgäuer Bergkäse
Herkunftsland: Deutschland, Region Oberallgäu
Milch: Kuhmilch
Käsefamilie: Käse mit nachgewärmtem und gepresstem Teig
Fett i. Tr.: 50%
Form: Großer Laib mit ca. 60 cm Ø, ca. 10 cm hoch, Gewicht ca. 30 kg
Reifezeit: Ab 6 Monate
Aussehen: Außen dunkelgelbe bis bräunliche, trockene Rinde; innen gelber, fester Teig mit vereinzelter kleiner runder Lochung
Geschmack: Leicht fruchtig

Banon

Ursprünglich wurde der Käse nur in Familienbetrieben hergestellt und die Rezeptur an die nachfolgende Generation weitergegeben. Benannt wurde der Käse nach der Stadt in der Provinz Alpes-de-Haute-Provence. Die Blätter, die man bis heute beibehalten hat, galten früher als natürliches Verpackungsmaterial. Die große Beliebtheit dieses Käses schildert die Anekdote über den römischen Kaiser Antoninus Pius (138–161), der den Käse so gerne aß, dass er aus Völlerei daran zu Tode kam.

Käsename: Banon
gesprochen: banoñ
Herkunftsland: Frankreich, Region Provence-Alpes, Côte d'Azur, Departement Alpes-de-Haute-Provence
Milch: Ziegenmilch
Käsefamilie: Ziegenkäse
Fett i. Tr.: 50 %
Form: Ein in Kastanienblätter eingewickelter und mit Bast verschnürter kleiner Laib mit 7 cm Ø, 3 cm Höhe, Gewicht 100 g
Reifezeit: 1–5 Wochen
Aussehen: Jung außen und innen strohgelber, cremiger Teig; je älter, desto mehr unregelmäßige Schimmelbildung und bräunliche Verfärbung unter dem Blatt, cremiger bis abfließender Teig
Geschmack: Leicht säuerlicher bis ausgeprägt kräftiger Geschmack, vermischt mit dem kräutrigen Aroma der Kastanienblätter

Beaufort

Der Name leitet sich von dem Erzeugergebiet, den Alpenweiden des Bergmassives Beaufortin-Tarentaise in Haute Savoie ab.
Die Erzeugung des Beaufort ist auf die Provinz beschränkt. Ein Beaufort, der im Sommer (Juni bis September) auf schneefreien Hochalmen in 800–2500 Meter traditionell hergestellt wird, darf auch die Zusatzbezeichnung »d'alpage« tragen.
Der Beaufort wird auch »Prince des alpes« genannt, zum einen wegen seiner imponierenden Größe, zum anderen weil er unter sehr schwierigen Bedingungen erzeugt wird. Die Weiden der Tiere liegen sehr hoch. Es sind auch keine weitläufigen Almen, sondern kleinere Plateaus, so dass die Senner mit ihren Tieren ständig den Standort wechseln und immer höher in die Berge ziehen. Das erfordert einen »mitziehenden« Milchwagen oder mehrere Sennen – eine aufwändige Produktion, die aber einen einzigartigen Käse hervorbringt.

Käsename: Beaufort
gesprochen: bofor
Herkunftsland: Frankreich, Region Rhône-Alpes, Departement Haute Savoie
Milch: Kuhmilch
Käsefamilie: Käse mit nachgewärmtem und gepresstem Teig
Fett i. Tr.: 50%
Form: Großer Laib mit nach innen gewölbten Seiten, ca. 60 cm Ø, 14 cm hoch, Gewicht ca. 40 kg
Reifezeit: Ca. 9 Monate
Aussehen: Außen beige-bräunliche, trockene Rinde; innen blaßgelber, glatter Teig ohne Lochbildung mit Bildung von Salzkristallen
Geschmack: Satter Milchgeschmack

Bleu d'Auvergne

Der Bleu d'Auvergne entstand um das Jahr 1845. Der Bauer Roussel hatte den Mut und die Idee, seinen Käse mit Schimmelkulturen zu beimpfen. Nach und nach schlossen sich andere Bauern der Auvergne an.

Unter der Sammelbezeichnung »Bleu« werden in Frankreich alle Käse mit Innenschimmel bezeichnet (außer Roquefort). Ihnen wird das Herkunftsgebiet beigefügt. Die Produktion des Bleu d'Auvergne ist auf die Provinzen Cantal, Puy-de-Dôme, Haute-Loire, Aveyron Corréze, Lot und Lozère beschränkt.

Käsename: Bleu d'Auvergne
gesprochen: blö dowärnje
Herkunftsland: Frankreich, Region Auvergne, Departement Cantal
Milch: Kuhmilch
Käsefamilie: Käse mit Innenschimmel
Fett i. Tr.: 50 %
Form: Flacher Zylinder mit 22 cm Ø, 10 cm hoch, Gewicht 2,5 kg
Reifezeit: Etwa 2 Monate
Aussehen: Außen trockene, graugelbe, mit Schimmel bewachsene Fläche; innen cremefarbener Teig, bis an den äußeren Rand mit bläulich-grünem Schimmel durchzogen.
Geschmack: Kräftiger, charakteristischer Pilzgeschmack

Bleu de Gex

Der Käse ist benannt nach einer kleinen Stadt im Jura. Die Herstellung des Bleu de Gex geht bis ins 16. Jahrhundert zurück. Es sollen Siedler aus der Dauphine gewesen sein, die sich in diesem gebirgigen Gebiet niedergelassen hatten und den Käse dort produzierten. Mönche aus der Abtei Saint-Claud sollen an der Entwicklung des Käses durch neue Produktionstechniken beigetragen haben.
Die Produktion ist auf die Provinzen Jura und Ain beschränkt.

Käsename: Bleu de Gex
gesprochen: blö dö schäg
Herkunftsland: Frankreich, Region Franche-Comté, Departement Jura
Milch: Kuhmilch
Käsefamilie: Käse mit Innenschimmel
Fett i. Tr.: 50%
Form: Laib mit 35 cm Ø, 10 cm hoch, Gewicht 7,5 kg
Reifezeit: Etwa 3 Monate
Aussehen: Außen trockene Rinde, von mehlfarbigem Aussehen; innen weißer bis gelblicher Teig, mit bläulich-grünem Schimmeladern durchzogen
Geschmack: Je nach Intensität des Schimmels walnussartig-pikant

Bouton de Culotte

Seinen Namen bekam der Käse in den 70er Jahren von Pierre Androuët, dem wohl fachkundigsten und bekanntesten Käsehändler Frankreichs, als er ihn in sein Geschäft nach Paris holte. Bezogen auf seine Form und Größe bedeutet der Name »Hosenknopf«. Zuvor wurde er *Baratte* genannt und für den Eigenbedarf hergestellt. Da die Bauern dieser Gegend in erster Linie mit der Weinbereitung beschäftigt waren und nur wenig Tiere für den Eigenbedarf hielten, wählte man bei der Verkäsung eine kleine Form, da man aufgrund des geringen Viehbestandes nicht nur wenig Milch zur Verfügung hatte, sondern auch wenig Zeit für die Verarbeitung aufbringen konnte (der Käse wird aufgrund der Größe nicht in der Form gewendet). Auch die Reifung konnte vereinfacht werden. Nicht jeder reifte die Käse im Keller mit Naturschimmel, einige stellten die kleinen Zylinder auch in den »*Cage du Fromage*« (Käsekäfig) und ließen sie im Freien trocknen, wodurch sie ihren milden, säuerlichen Geschmack beibehielten.

Käsename: Bouton de Culotte
gesprochen: butoñ dö külot
Herkunftsland: Frankreich, Region Burgund, Departement Saône-et-Loire
Milch: Ziegenmilch
Käsefamilie: Ziegenkäse
Fett i. Tr.: 45 %
Form: Kegelstumpfförmig mit einem kleinen Strohhalm versehen, unterer Ø 3 cm, oberer Ø 2,5 cm, Höhe 3 cm, Gewicht 15 g
Reifezeit: Keine bis 4 Wochen
Aussehen: Außen je nach Reifegrad weiß mit gelblichen Flecken bzw. mit einem bläulichen Schimmel überzogen; innen fester weißer Teig
Geschmack: Erfrischender säuerlicher Milchgeschmack

Brebis des Pyrénées

Der Name bedeutet »Schafkäse aus den Pyrenäen«. Schon seit dem Neolitikum sind die Schafe und ihre Schäfer in diesem Gebiet bekannt. Während es sonst oft die Klöster waren, die die Rezepturen entwickelten, welche von den Bauern dann weiterentwickelt wurden, war es im Baskenland umgekehrt. Die *Abbay Notre Dame de la Belloc*, ein Benediktiner-Kloster, das erst sehr spät (1875) gegründet wurde, nahm das Rezept auf und perfektionierte es. Die Herstellung ist auf die Provinzen Pyrénées-Atlantiques und Hautes-Pyrénées beschränkt.

Käsename: Brebis des Pyrénées
gesprochen: bröbi de pirene
Herkunftsland: Frankreich, Region Aquitaine, Departement Pyrénées-Atlantiques
Milch: Schafmilch
Käsefamilie: Schafkäse
Fett i. Tr.: Min. 45%
Form: Laib mit 22,5 cm Ø, Höhe 7,5 cm, Gewicht 4 kg
Reifezeit: 6 Monate
Aussehen: Außen dunkelbraune Rinde, mit weißen und roten Flecken bedeckt; innen cremefarbener, schnittfester Teig
Geschmack: Aromatisch säuerlich, leicht karamellisierend

Brie de Meaux

Brie ist eine Landschaft und Meaux eine Stadt in der Povinz Seine-et-Marne, danach wurde der Käse benannt. Ursprünglich wurde er auch nur dort hergestellt. Wegen der landwirtschaftlichen Nutzungsänderung und der sich daraus ergebende Änderung der Fütterung hat sich die Herstellung etwas verlagert. Brie de Meaux wird heute in den Provinzen Seine-et-Marne, Aube, Loiret, Marne, Haute-Marne, Meuse und Yonne hergestellt und ist auf diese Provinzen beschränkt.

Über den genauen Ursprung ist nicht sehr viel bekannt. Aber durch seine Nähe zu Paris sind mit ihm eine Vielzahl adliger Namen verbunden, die den Käse sehr schätzten. Einer der bekanntesten ist Louis XVI. Der hatte vor seiner Hinrichtung nur den Wusch, noch einmal ein Stück von seinem geliebten Brie de Meaux zu essen.

Käsename: Brie de Meaux
gesprochen: bri dö mo
Herkunftsland: Frankreich, Region Île-de-France, Departement Seine-et-Marne
Milch: Kuhmilch
Käsefamilie: Weichkäse mit Außenschimmel
Fett i. Tr.: 45 %
Form: Flache Scheibe mit 36 cm Ø, 2,5 cm Höhe, Gewicht 2,6 kg
Reifezeit: Etwa 2 Monate
Aussehen: Außen geschlossener Schimmelrasen, mit gelblich-roten Flecken; innen goldgelber, nicht abfließender Teig, mit zum Teil stecknadelgroßen Löchern
Geschmack: An frische Pilze erinnernd

Brillat-Savarin

Brillat-Savarin war im 18. Jahrhundert ein berühmter Feinschmecker und Autor des gastrosophischen Standardwerkes »Physiologie des Geschmackes«. Dank der Aussage: »Ein Essen ohne Käse ist wie eine schöne Frau, der ein Auge fehlt«, wurde er Namensträger für diesen köstlichen Käse, dessen Milch vor der Käseherstellung mit Crème fraîche angereichert wird.

Käsename: Brillat-Savarin
gesprochen: bria sawaräñ
Herkunftsland: Frankreich, Region Burgund, Departement Yonne
Milch: Kuhmilch
Käsefamilie: Frischkäse
Fett i. Tr.: 72 %
Form: Laib mit 12 cm Ø, 5 cm hoch, Gewicht 500 g
Reifezeit: Keine
Aussehen: Außen und innen durchgehender elfenbeinfarbener, geschlossener kremiger Teig
Geschmack: Sahnig säuerlich, aromatisch

Brin d'Amour

Der Käse wurde seit 1953 von dem Schäfer *M. Corsaletti* in der Umgebung von Calenzana, einer Stadt im nördlichen Korsika, hergestellt. Obwohl er nur geringe Mengen produzierte, gelangten einige nach Paris in die Markthallen, wo sie bald wesentlich beliebter waren als auf Korsika. Jetzt bekam der Käse erstmals einen Namen und ein Logo. Da der Kräutermantel in dem er reift eine wesentliche Geschmacksveränderung bringt, wählte man die Phantasiebezeichnung, welche von *brin de romarin* (Rosmarin) in *brin d'amour* abgeleitet wurde. Den gleichen Käse gibt es ohne Kräutermantel, dann wird er *Pecura* genannt. 1977 kaufte *World Impex* die Marke, sorgte für gleichbleibende, beständige Qualität und übernahm die Vermarktung. Er wird heute noch rein handwerklich hergestellt.

Käsename: Brin d'Amour
gesprochen: bräñ damur
Herkunftsland: Frankreich, Region Korsika, Departement Haute-Corse
Milch: Schafmilch
Käsefamilie: Schafkäse
Fett i. Tr.: 50%
Form: Quadrat mit 12 cm Seitenlänge und 4 cm Höhe, Gewicht ca. 600 g
Reifezeit: Etwa 5 Wochen
Aussehen: Außen mit einer Kräutermischung, die vorwiegend aus Rosmarin und Thymian besteht, versehen die mit zunehmender Reife von einen blaugrauen Schimmel. überzogen wird; innen blasser und weißer cremiger Teig mit vereinzelter, unregelmäßiger Lochung
Geschmack: Mild säuerlich, verbunden mit dem deutlichen Geschmack der Kräutermischung, die den Käse umgibt

Caciocavallo

Die Geschichte des Käses reicht bis in die Zeit der Völkerwanderung zurück. Die Ableitung von *cas* führt zu germanischen Stämmen, die 300 Jahre in Vorderasien siedelten. Die iranisch-sarmatische Bevölkerung vermischte sich mit ihnen und brachte ihre alte Käsetradition ein. Diese Germanen wurden später in Italien und Spanien sesshaft. Noch heute wird in diesem Gebiet der *Cascaval* (gespr. Kaschkawal) genauso hergestellt wie der Caciocavallo. Franco Sacchetti schreibt im 3. Jahrhundert n. Chr., dass dieser Käse ursprünglich aus Stutenmilch hergestellt wurde.

Da schon Hippokrates (460–377 v. Chr.) die Herstellung von Käse aus Stutenmilch beschrieb, könnte es durchaus möglich sein, das der ursprüngliche Steppenkäse aus Stutenmilch war.

Käsename: Caciocavallo
gesprochen: katschio-kawallo
Herkunftsland: Italien, Region Kampanien, Provinz Salerno
Milch: Kuhmilch
Käsefamilie: Käse mit gepresstem Teig, Filata-Käse
Fett i. Tr.: 38–45%
Form: Wie ein Sack, der am oberen Ende mit einer Schnur aufgehängt wird, Gewicht 1–2,5 kg.
Reifezeit: 2 Monate bis ein Jahr
Aussehen: Im jungen Zustand außen cremefarben, mit leichter Gelbfärbung, die je nach Reifung intensiver wird; innen keine bis leicht gezogene Lochbildung bei blassem, kompaktem Teig
Geschmack: Jung sehr mild und milchig, mit steigendem Alter immer schärfer

Camembert

Der Käse trägt den Namen einer kleinen Gemeinde in der Provinz Orne. Der Überlieferung nach ist es hier der Bäuerin Marie Harel 1791 gelungen, mit Unterstützung eines Priesters, der die Brie-Herstellung kannte und den sie während der französischen Revolution versteckte, einen Käse mit gleichmäßiger Schimmelpilzflora zu produzieren.

1880 entwickelte der Ingenieur Ridel eine dünne Holzschachtel für den Käse, somit konnte er besser und über größere Distanzen transportiert werden.

Käsename: Camembert
gesprochen: kamañbä:r
Herkunftsland: Frankreich, Region Normandie, Departement Manche
Milch: Kuhmilch
Käsefamilie: Weichkäse mit Außenschimmel
Fett i. Tr.: 45 %
Form: Kleine Scheibe mit 11 cm Ø, 3 cm Höhe, Gewicht 250 g
Reifezeit: Etwa 4 Wochen
Aussehen: Außen dünner weißer Schimmelrasen, der mit gelblich-rötlichen Flecken versetzt ist; innen gelber, cremiger, nicht abfließender Teig
Geschmack: Vollaromatisch pilzartig bis trüffelartig

Caprini di Capra

Der Name leitet sich von *Capra* (Ziege) ab. Es ist typisch für Italien, seinen Käsen eine einfache Benennung zu geben, da sie immer nur sehr regional begrenzt gehandelt wurden.

Il Panunto drückte seine Meinung 1560 in seinem Hauptwerk so aus: »Je frischer der Käse erscheint, desto besser«, und schimpfte sehr auf die gereiften Varianten. Das erklärt vielleicht die Produktvielfalt von Frischkäse in Italien.

Käsename: Caprini di Capra
gesprochen: kaprini di kapra
Herkunftsland: Italien, Region Lombardei, Provinz Como
Milch: Wenn nicht anders gekennzeichnet Ziegenmilch
Käsefamilie: Frischkäse
Fett i. Tr.: 45 %
Form: Kleine Röllchen, 2 cm Ø, 10 cm Länge und ca. 80 g
Reifezeit: keine
Aussehen: schneeweiß
Geschmack: Ausgeprägte aromatische Säure mit leichtem Ziegenmilcharoma

Chabichou

Der Legende nach stammte der Chabichou aus dem 8. Jahrhundert und wurde von den Sarazenern eingeführt. *Charles Martel* besiegte in Poitiers die Araber, die mitsamt ihren Bauern und Ziegenherden in Frankreich eingedrungen waren. Durch das Aufeinandertreffen der Käsekunst der Sarazener und der Franzosen wurde dann dieser Käse erschaffen. Chabi soll eine Ableitung von dem Wort »Chebli« sein, welches im Arabischen Ziege heißt.

Käsename: Chabichou
gesprochen: schabischu
Herkunftsland: Frankreich, Region Poitou-Charentes, Departement Vienne
Milch: Ziegenmilch
Käsefamilie: Ziegenkäse
Fett i. Tr.: 45 %
Form: Kegelstumpfförmig, unterer Ø 5 cm, oberer Ø 4,5 cm, Höhe 8 cm, Gewicht 100 g
Reifezeit: Keine bis 5 Wochen
Aussehen: Außen meist mit einem bläulichgrauem Schimmel überzogen; innen weißer, kompakter Teig
Geschmack: Je nach Reifegrad säuerlich bis nussartig

Chaource

Der Käse hat seinen Namen von der gleichnamigen Stadt in der Provinz Aube. Der Chaource hat eine sehr alte Geschichte, da er bereits im 14. Jahrhundert bekannt war. Ursprünglich stammte er aus einem Dorf in der Champagne. Angeblich sollen Mitglieder von der *Abtei Pontigny* bei der Entwicklung der Rezeptur mitgeholfen haben.
Die Herstellung dieses Käses ist heute regional beschränkt.

Käsename: Chaource
gesprochen: scha·urs
Herkunftsland: Frankreich, Region Champagne-Ardenne, Departement Aube
Milch: Kuhmilch
Käsefamilie: Weichkäse mit Außenschimmel
Fett i. Tr.: 50 %
Form: Zylinderförmig mit einem Ø von 11 cm, Höhe 6 cm, Gewicht 450 g
Reifezeit: Etwa 2 Monate
Aussehen: Außen geschlossener Schimmelrasen mit rötlich gefärbtem Rand und leichter Vertiefung an der Oberfläche; innen cremiger bis kreidiger, nicht krümeliger Teig
Geschmack: Leicht säuerlich bis zu kräftig pilzartig

Charolais

Dieser Käse erhielt seinen Namen nach einer Gegend in der Provinz Saône-et-Loire. Es handelt sich ausschließlich um bäuerliche Produktionen.
Früher galt in Frankreich die Ziege als »Arme-Leut-Kuh« und wurde auch dort oft nur gehalten, weil ihr laut Aberglaube die Fähigkeit zugesprochen wurde, Krankheiten von der Kuh fern zu halten. Pflege, Melken und Verarbeitung der Milch war alleinige Angelegenheit der Bäuerin. Das Geld, was sie damit verdiente, gehörte einzig ihr alleine. Dies hat sich heute geändert, da die Nachfrage nach Ziegenkäse drastisch gestiegen ist.

Käsename: Charolais
gesprochen: scharolä
Herkunftsland: Frankreich, Region Burgund, Departement Saône-et-Loire
Milch: Ziegenmilch
Käsefamilie: Ziegenkäse
Fett i. Tr.: 45%
Form: Zylinder mit einem Ø von 6 cm, Höhe 8 cm, Gewicht 200 g
Reifezeit: 5 Wochen
Aussehen: Außen rötliche Rinde mit grau-blauem Schimmelbewuchs; innen fester, geschlossener, cremefarbener Teig.
Geschmack: Mild aromatisch, nussartig

Chevrotin

Der Name bedeutet soviel wie »kleine Ziege«. Es handelt sich um eine Variante des Reblochons, ist aber aus reiner Ziegenmilch. Der Chevrotin ist seit dem 17. Jahrhundert bekannt und wird nur während der Grünfutterzeit produziert.

Käsename: Chevrotin
gesprochen: schöwrotäñ
Herkunftsland: Frankreich, Region Rhône-Alpes, Provinz Haute-Savoie
Milch: Ziegenmilch
Käsefamilie: Ziegenkäse
Fett i. Tr.: 45 %
Form: Kleiner Laib, 8 cm Ø, Höhe 5 cm, Gewicht ca. 350 g
Reifezeit: 6 Wochen
Aussehen: Außen braune bis rötliche, trockene Rinde mit vereinzelt weißen Schimmelkolonien; innen heller, geschmeidiger Teig
Geschmack: Aromatischer leicht fruchtiger Ziegenmilchgeschmack, der an eine Vielzahl von Kräutern erinnert

Cœur de Neufchâtel

Der Käse ist nach der gleichnamigen Stadt Neufchâtel-en-Bray benannt. Der Ursprung des Käses geht auf das 10. Jahrhundert zurück. Im Jahre 1050 verlangte Hugues de Gournay einen Käseanteil von der Abtei von Signy.
Der gleiche Käse wird noch in fünf anderen Formen angeboten.

Käsename: Cœur de Neufchâtel
gesprochen: kör dö nöfschatäl
Herkunftsland: Frankreich, Region Normandie, Departement Seine-Martime
Milch: Kuhmilch
Käsefamilie: Weichkäse mit Außenschimmel
Fett i. Tr.: 45 %
Form: Herzförmig, 8 cm von der Mitte bis zur Spitze und 3 cm hoch, 200 g
Reifezeit: Etwa 3 Wochen
Aussehen: Außen geschlossener Schimmelrasen mit vereinzelt rötlich gefärbter Rinde; innen speckiger und cremiger Teig
Geschmack: Von säuerlich aromatisch bis nussig pikant, sowie etwas salziger

Cœur de Rollot

Der Name bedeutet „Herz von Rollot". Rollot ist eine Stadt in der Provinz seiner Herstellung. Er gehört zu den Maroilleskäsen, von denen seine Rezeptur abgeleitet wurde. Diese Form hat man aufgegriffen, um an eine Art Lebkuchen zu erinnern, die dort zu herzöglichen Zeiten sehr populär war.

Käsename: Cœur de Rollot
gesprochen: kör dö rolo
Herkunftsland: Frankreich, Region Picardie, Departement Oise
Milch: Kuhmilch
Käsefamilie: Weichkäse mit gewaschener Rinde
Fett i. Tr.: 50 %
Form: Herzförmig, 7 cm von der Mittte bis zur Spitze und 3,5 cm hoch, Gewicht 200 g
Reifezeit: 8 Wochen
Aussehen: Außen rötlich-braune, feuchte Rinde; innen gelber, speckiger Teig, mit vereinzelt Bruchlöchern
Geschmack: Kräftig, zuweilen leicht säuerlich

Comté

Den Namen erhielt der Käse von einer ehemaligen Grafschaft, die von der Provinz Jura bis Haute-Savoie reichte. Bergkäse wurde früher nur auf den Alpen im Sommer hergestellt. Der erste dieser Käse war der Gruyère (siehe *Greyerzer*). Von ihm sind alle anderen abgeleitet worden, und so wurde auch der Comté bis vor kurzem noch Gruyère de Comté genannt. Die Herstellung ist heute auf die Povinzen Doubs, Jura und Haute-Saône beschränkt.

Käsename: Comté
gesprochen: koñte
Herkunftsland: Frankreich, Region Franche-Comté, Departement Jura
Milch: Kuhmilch
Käsefamilie: Käse mit nachgewärmtem und gepresstem Teig
Fett i. Tr.: 45 %
Form: Sehr großer, flacher Laib mit 70 cm Ø, Höhe 10 cm, Gewicht ca. 38 kg
Reifezeit: 3–24 Monate
Aussehen: Außen gelblich-braune, trockene Rinde; innen elfenbeinfarbener bis gelblicher Teig, mit sparsamer kleiner Lochung
Geschmack: Je nach Reifegrad mild säuerlich bis süßlich nussig

Coulommiers

Der Käse ist nach einer Stadt in der Provinz Seine-et-Marne benannt. Seinen Ursprung muss man im 11. Jahrhundert suchen, ähnlich der ersten Herstellung von Brie. Früher wurde Coulommiers etwas größer als heute produziert und daher auch Brie de Coulommiers genannt. Wahrscheinlich reichte die Milch für den großen Käse nicht aus. Wann der Käse eine eigenständige Sorte wurde, lässt sich nicht mehr ermitteln.

Käsename: Coulommiers
gesprochen: kulomje
Herkunftsland: Frankreich, Region Île-de-France, Departement Seine-et-Marne
Milch: Kuhmilch
Käsefamilie: Weichkäse mit Außenschimmel
Fett i. Tr.: 45 %
Form: Kleine Scheibe mit einem Ø von 12 cm, Höhe 4 cm, Gewicht 400 g
Reifezeit: 8 Wochen
Aussehen: Außen geschlossener, dünner Schimmelrasen, mit roten Flecken bedeckt; innen gelber, cremiger bis leicht kreidiger Teig
Geschmack: Sehr aromatisch und ausgeprägt an den Geschmack frischer Pilze erinnernd

Crottin de Chavignol

Crottin bedeutet auf die Form bezogen soviel wie »Pferdeapfel«. Aber es gab auch ein kleines Öllämpchen aus gebranntem Ton, das als »Crottin« bezeichnet wurde.

Chavignol ist eine Landschaft in der Provinz Cher. Seit dem 16. Jahrhundert wurden um Sancerre Ziegen gehalten und die Milch zu Käse verarbeitet. Sie dienten den Weinbauern mit als wichtiges Grundnahrungsmittel. Die Produktion ist auf die Provinzen Cher, einen Teil von Loiret und Nièvre beschränkt.

Käsename: Crottin de Chavignol
gesprochen: krotäñ dö schawinjol
Herkunftsland: Frankreich, Region Centre, Departement Cher
Milch: Ziegenmilch
Käsefamilie: Ziegenkäse
Fett i. Tr.: 45 %
Form: Kleiner Zylinder, 4,5 cm Ø, Höhe 3 cm, Gewicht 60 g
Reifezeit: Keine bis 6 Wochen
Aussehen: Außen gelbliche Rinde, die während der Reifung einen bläulichen Schimmel erhalten kann; innen kompakter, geschlossener, weißer Teig
Geschmack: Von leicht säuerlich bis haselnussartig

Emmentaler

Der Name leitet sich ab von dem ursprünglichen Herstellungsgebiet Emmental. Noch im 18. Jahrhundert verwandte man in der ganzen Schweiz das Hartkäsegrundrezept des Gruyère (Greyerzer). Lokale Unterschiede entstanden durch Größe und abweichende Behandlung bei der Reifung. Daher auch der irritierende Name Gruyère de Emmental.

Früher wurden die Käse nur auf den Alpen hergestellt und der Senner stand in Bezug auf Wohlstand und Ansehen oft über dem Talbauer. Die Käse wurden ab dem 18. Jahrhundert größer – von 70–130 kg. Die Alpen in dem Gebiet lagen niedriger, hatten ertragreichere Weiden und waren leichter zu erreichen.

Damals entstand auch die charakteristische Lochbildung. 1805 bewies Philipp Emanuel von Fellenberg, dass man auch im Tal guten Käse herstellen konnte. 1815 wurde vom Schlossherrn Rudolf Emanuel von Effinger die erste genossenschaftliche Emmentaler Dorfkäserei geführt und der Alpbetrieb verlor seine Stellung. Die Armut mancher Alpkäser trieb sie zum Auswandern nach Amerika oder bis nach Russland.

Käsename: Emmentaler
Herkunftsland: Schweiz, Kanton Bern
Milch: Kuhmilch
Käsefamilie: Käse mit nachgewärmtem und gepresstem Teig
Fett i. Tr.: 45 %
Form: Großer Laib, 85 cm Ø, Höhe 20 cm, Gewicht 80 kg
Reifezeit: 4–18 Monate
Aussehen: Außen fest umschlossene, gelbe bis dunkelbraune Rinde; innen fester, elastischer, elfenbeinfarbener bis gelber Teig, der eine nicht zu üppige, runde etwa 1–3 cm große Lochung aufweist, die nicht bis zum Rand reichen und nicht ineinander gehen sollte
Geschmack: Vollmundig, von einer leichten Süßlichkeit begleitet

Epoisses

Der Käse wurde nach der Stadt, in der er ursprünglichen hergestellt wurde, benannt. Der Legende nach wurde hier der Epoisses zu Beginn des 16. Jahrhunderts von den käsefachkundigen Zisterzienser-Mönchen erfunden.

Der Erhalt dieses typischen Käses ist den Bäuerinnen der Region zu verdanken, die das Herstellungsverfahren an ihre Töchter weitergaben. Diese lange Tradition wird belegt durch die vielen alten Abtropfsteine, die nach alter Sitte nach Nordost ausgerichteten Trockenräume sowie Reifekeller, die in den sehr alten Bauernhäusern dieser Region noch zu finden sind.

Käsename: Epoisses
gesprochen: epo**a**s
Herkunftsland: Frankreich, Region Burgund, Departement Côte d'Or
Milch: Kuhmilch
Käsefamilie: Weichkäse mit gewaschener Rinde
Fett i. Tr.: 50 %
Form: Kleine Scheibe, 10 cm Ø, Höhe 3 cm, Gewicht 250 g
Reifezeit: 8 Wochen
Aussehen: Außen glatte, feuchte, braunrote Rinde; innen hellgelber bis gelber, speckiger, homogener Teig
Geschmack: Sehr pikant, fruchtig, ausgeprägt

Feta

Ob Homer in der Odyssee oder andere Schriftsteller wie Herodot, Xenophon, Theokrit und Aristoteles, sie alle haben die Käseherstellung beschrieben. Die Griechen stehen an erster Stelle im Pro-Kopf-Verbrauch an Käse in der Welt und an erster Stelle steht auch ihr Feta. Um ganz Griechenland herum ist seine Rezeptur unter vielen Namen verbreitet. So findet man ihn vom Balkan bis Südrussland ebenso in der Türkei, Arabien und Ägypten. Wird der Käse in einem Holzfaß gereift, werden durch das Holz alle unangenehmen Säuren abgebaut – der Käse bildet vielfältige Aromen und weist eine geschmeidige Konsistenz auf. Anders bei der Reifung, die von Professor Zyguris 1950 in Janina erfunden wurde. Dieser, in Weißblechkanistern gereifte Käse wurde allerdings wesentlich häufiger exportiert. Seine Beliebtheit führte zu billigen Kopien aus Kuhmilch. Ab 2006 darf laut internationaler Regelung nur noch Feta heißen, was aus reiner Schafmilch hergestellt ist und aus Griechenland stammt.

Käsename: Feta
gesprochen: feta
Herkunftsland: Griechenland, alle Regionen
Milch: Schafmilch
Käsefamilie: Käse aus Schafmilch
Fett i. Tr.: 45–59 %
Form: Lose je nach Holzfassform zwischen 20–70 kg
Reifezeit: Mindestens 3 Monate im Holzfaß
Aussehen: Ohne Rinde, daher außen und innen weiß
Geschmack: Cremiger, angenehm leicht karamelliger Schafmilchgeschmack, leicht säuerlich und dezent salzig

Feuille de Dreux

Der Käse wurde nach der Stadt Dreux benannt, die 80 km von Paris entfernt liegt. Ursprünglich wurde der Käse in Kastanienblättern (Feuille bedeutet Blatt) verpackt. Er ist einer der wenigen Käse, der nur von den Bauern selbst verzehrt wurde, da er aus entrahmter Milch hergestellt wird. Um ihm mehr Geschmack und bessere Haltbarkeit zu verleihen, wickelte man ihn in besagte Blätter.

Käsename: Feuille de Dreux
gesprochen: föj dö drö
Herkunftsland: Frankreich, Region Centre, Departement Eure-et-Loir
Milch: Kuhmilch
Käsefamilie: Weichkäse mit Außenschimmel
Fett i. Tr.: 35 %
Form: Kleine Scheibe, 14,5 cm Ø, Höhe 3,5 cm, Gewicht 400 g
Reifezeit: 5 Wochen
Aussehen: Außen geschlossener Schimmelrasen mit leicht rötlich-braunen Kanten und einem Kastanienblatt auf der Oberfläche; innen heller, elfenbeinfarbener Teig
Geschmack: Kräftig, erdig, mitbedingt durch die Reifung auf dem Blatt

Fontina

Der Name des Käses lässt sich auf die Alp »Fontin« zurückführen. Schon im 15. Jahrhundert wurde der Käse in der »Summa Lacticinorum« von Pantaleone da Confienza erwähnt, die im Jahr 1477 in Turin erschien und wo der Käse als *delicati et optimi* bezeichnet wurde.

Früher trugen unzählige Käse, die so in den Bergen hergestellt wurden, den Namen Fontina. Heute darf nur noch der Käse, der aus dem Aostatal stammt, so heißen.

Käsename: Fontina
gesprochen: fontina
Herkunftsland: Italien, Region Aostatal, gleichnamige Provinz
Milch: Kuhmilch
Käsefamilie: Käse mit gepresstem Teig
Fett i. Tr.: 48 %
Form: Laib mit 40 cm Ø, Höhe 9 cm, Gewicht 14 kg
Reifezeit: 3 Monate
Aussehen: Außen dünne, glatte, braune Rinde; innen weißer bis strohfarbener Teig mit unregelmäßigen, linsengroßen Löchern
Geschmack: Aromatisch nussig, von wenig Säure begleitet

Fougerus

La Fougère heißt ein Farnkraut, nach dem dieser Käse benannt worden ist. Er gehört zu der Brie-Gruppe und wurde ursprünglich auf einem Bauernhof hergestellt.

In der Mitte des 20. Jahrhunderts hat dann Monsieur Rouzaire die Rezeptur aufgegriffen und den Käse in seinem handwerklich arbeitenden Betrieb produziert und somit vor dem Vergessen bewahrt.

Käsename: Fougerus
gesprochen: fuschärü
Herkunftsland: Frankreich Region Île-de-France, Departement Seine-et-Marne.
Milch: Kuhmilch
Käsefamilie: Weichkäse mit Außenschimmel
Fett i. Tr.: 45 %
Form: Laib mit 16 cm Ø, Höhe 4 cm, Gewicht 650 g
Reifezeit: 5 Wochen
Aussehen: Außen weißer dünner Schimmelrasen mit leichter rotbrauner Färbung; innen cremefarben, weich elastisch mit verschmelzender kleiner Lochbildung
Geschmack: Aromatisch leicht pilzartig bis trüffelig

Fourme d'Ambert

Der Käse wurde nach der Stadt Ambert im Departement Puy-de-Dôme benannt. Fourme deutet auf den zylindrischen Behälter, den »Forme«, der zur Aufbewahrung des Bruches diente, hin. Die Geschichte des Käses reicht bis weit ins 8. Jahrhundert zurück, da er nach der Eroberung der Gebiete durch Julius Cäsar von ihm erwähnt wurde.

Nachdem fast jeder kleine Ort in diesem Gebiet den Käse herstellte und ihm einen eigenen Namen gab, existierten eine Vielzahl von Bezeichnungen. Um Klarheit zu schaffen, einigte man sich auf den Namen Fourme d'Ambert oder Fourme de Montbrison. Die Fabrikation ist auf die Departements Puy-de-Dôme, Loire und Cantal beschränkt.

Käsename: Fourme d'Ambert
gesprochen: furm dañbär
Herkunftsland: Frankreich, Region Auvergne, Departement Puy-de-Dôme
Milch: Kuhmilch
Käsefamilie: Käse mit Innenschimmel
Fett i. Tr.: 50 %
Form: Zylinder mit 13 cm Ø, Höhe 19 cm, Gewicht 2 kg
Reifezeit: 2 Monate
Aussehen: Außen trockene Rinde, mit gräulich-blauem Schimmel überzogen; innen cremefarben bis gelblich von blau-grünen Schimmelpilzadern und -knoten durchsetzt
Geschmack: Milder bis kräftig ausgeprägter Blauschimmelgeschmack

Gailtaler

Durch den Gebirgscharakter des Landes sind viele kleine lokale Sorten wie auch der Gailtaler entwickelt worden, da die Milch nicht weit transportiert werden konnte. In dem Urban des Grafen von Görz im Jahre 1375 wurden zum ersten mal die Almkäsereien vom Gailtal erwähnt. Bis in die heutige Zeit wird er immer wieder beschrieben und seine Herstellung genau dargelegt. Noch heute wird auf 14 Almen der Käse aus Rohmilch hergestellt.

Käsename: Gailtaler
gesprochen: gailtaler
Herkunftsland: Österreich, Region Kärnten
Milch: Kuhmilch
Käsefamilie: Käse mit nachgewärmtem und gepresstem Teig
Fett i. Tr.: 45 %
Form: Laib mit 35 cm Ø, Höhe 10 cm, Gewicht 12 kg
Reifezeit: Ab 3 Monate bis 1 ½ Jahre
Aussehen: Außen glatte goldgelbe Naturrinde, innen geschlossener gelblicher Teig
Geschmack: Sehr mild und milchig

Gaperon

Der Name wird von dem Mundartausdruck »gape« abgeleitet, was so viel bedeutet wie Buttermilch. Früher wurde er aus Buttermilch unter Zugabe von Knoblauch und Pfeffer hergestellt, mit einem Band umwickelt und zum Trocknen vor die Tür gehängt. Nachdem das Verkäsen in dieser Region Frauensache war, wurde es auch für die Brautschau »verwendet«. Hatte jemand viele Käse vor der Tür hängen, so vermutete man dort eine sparsame fleißige Tochter.

Käsename: Gaperon
gesprochen: gapöroñ
Herkunftsland: Frankreich, Region Auvergne, Departement Puy-de-Dôme
Milch: Kuhmilch
Käsefamilie: Weichkäse mit Außenschimmel
Fett i. Tr.: 35 %
Form: Halbkugelförmig, oft mit einem gelben Band umwickelt, unterer Ø 9 cm, Höhe bis zum Scheitelpunkt 7 cm, Gewicht 350 g
Reifezeit: 6 Wochen
Aussehen: Außen dünne, weiße Schimmelschicht; innen fester, weißer bis leicht gelblicher Teig, vereinzelt von Pfefferkörnern durchsetzt
Geschmack: Mild säuerlich, mit dem Geschmack von Knoblauch und Pfeffer vermischt

Gorgonzola dolce

Der Käse wurde nach der gleichnamigen Stadt in der Nähe von Mailand benannt. *Dolce* ist in Italien eine Bezeichnung für milde Varianten von Käsesorten, im Gegensatz zu *piccante*, den kräftigen, schärferen Varianten.

Die kleine Stadt war der Sammelpunkt der Tierherden während des Almabtriebs aus dem Bergamo. Nach der Legende ist ein Sennergehilfe, der die Geräte für die Milchverarbeitung auf seinem Wagen hatte, nicht rechzeitig nachgekommen. So blieb der Bruch des Tages stehen und wurde erst am nächsten Tag mit dem neuen Bruch verarbeitet.

Käsename: Gorgonzola dolce
gesprochen: gorgonzola doltsche
Herkunftsland: Italien, Region Piemont, Provinz Novara
Milch: Kuhmilch
Käsefamilie: Käse mit Innenschimmel
Fett i. Tr.: 48 %
Form: Zylinder mit 27 cm Ø, Höhe 20 cm, Gewicht 11 kg
Reifezeit: 2 Monate
Aussehen: Außen gleichmäßig rötliche Rinde mit zahlreichen Einstichlöchern; innen weißer bis strohfarbener, cremiger Teig mit graublauen Schimmelpilzadern durchsetzt
Geschmack: Mild, an Walnüsse erinnernd, leicht süßlich

Gouda alt

Der Name ist von dem gleichnamigen Städtchen abgeleitet, das etwas nordöstlich von Rotterdam liegt. Er wurde zum ersten Mal im 16. Jahrhundert erwähnt, doch man vermutet seine Entstehung wesentlich früher.

Der Bezeichnung Gouda wird der Reifegrad beigefügt, sowie die Herkunft – je nachdem, ob es sich um einen *Bauerngouda* oder einen *Fabrikgouda* handelt.

Man bezeichnet den Käse ab 4 Wochen als *jung*; *mittelalt* ab 4 Monaten; von 8–18 Monate als *alt* und *uralt* von 18–36 Monaten.

Während der Reifung wird dem Käse langsam Flüssigkeit entzogen, was zu einer festeren Konsistenz und einem veränderten Geschmack führt.

Käsename: Gouda alt
gesprochen: gauda
Herkunftsland: Niederlande, Provinz Süd-Holland
Milch: Kuhmilch
Käsefamilie: Käse mit gepresstem Teig
Fett i. Tr.: 50 %
Form: Laib mit 40 cm Ø, Höhe 12 cm, Gewicht 12 kg
Reifezeit: Durchschnittlich 12 Monate (von 8–18 Monaten)
Aussehen: Außen dunkel strohgelb mit einem Kunststoffüberzug; innen fester, strohgelber Teig, mit spärlicher kleiner Lochung
Geschmack: Sehr fruchtiger, kräftiger Geschmack, der an Liebstöckel erinnert

Gratte-Paille

Der Name des Käses ist eine Phantasiebezeichnung und wurde 1960 von dem Hause *Rouzaire* kreiert.
Noch vor 100 Jahren hatte man Käse häufig fettreduziert hergestellt und aus dem abgeschöpften Rahm Butter gemacht. Oft wurden nur Käse, die eine weitreichende Vermarktung hatten, aus Vollmilch hergestellt.
Ab Mitte des 20. Jahrhunderts fing man an, die Vollmilch mit Crème fraîche anzureichern und schuf damit eine ganz neue Käserichtung, der noch zahlreiche Kreationen folgten.

Käsename: Gratte-Paille
gesprochen: grat pa·i
Herkunftsland: Frankreich, Region Île-de-France, Departement Seine-et-Marne
Milch: Kuhmilch
Käsefamilie: Weichkäse mit Außenschimmel
Fett i. Tr.: 75 %
Form: Blockförmig, mit nach innen gewölbten Seitenteilen, Länge 10,5 cm, Breite 7 cm, Höhe 6,5 cm, Gewicht 350 g
Reifezeit: 4 Wochen
Aussehen: Außen geschlossener Schimmelrasen mit graubraunen Rändern; innen sahniger, cremefarbener Teig
Geschmack: Sahnig, pilzartig

Greyerzer

Greyerzer oder *Gruyère* – zwei verschiedene Namen für den gleichen Käse – leitet sich von der alten Grafschaft *Greyerz* ab, die im Jahr 1554 zwischen Bern und Freiburg aufgeteilt wurde. Die Käseherstellung lässt sich bis ins Jahr 1115 zurückverfolgen, da in diesem Jahr der Graf der Abtei *Rougemont* von Käse sprach.

Greyerzer wurde bereits im 16. Jahrhundert nach Frankreich exportiert und 1718 tauchte er auch im Piemont auf. Aufgrund der großen Nachfrage entstanden dann in der Grafschaft Greyerz im 19. Jahrhundert die ersten Talkäsereien.

Käsename: Greyerzer
gesprochen: graierzer
Herkunftsland: Schweiz, Kanton Fribourg
Milch: Kuhmilch
Käsefamilie: Käse mit nachgewärmtem und gepresstem Teig
Fett i. Tr.: 50 %
Form: Großer Laib mit 55 cm Ø, Höhe 11 cm, Gewicht 30 kg
Reifezeit: 4–24 Monate
Aussehen: Außen braune bis dunkelbraune, trockene Rinde; innen gelblicher Teig, im Alter von kristalliner Struktur
Geschmack: Mürbe, außerordentlich fruchtig bis nussartig, von leichter Lieblichkeit begleitet

Herve

Der Name des Käses ist von der Gegend abgeleitet, dem *Herve*-Land, wo er auch heute noch handwerklich hergestellt wird. Der Ursprung des Käses geht auf die spanische Herrschaft unter *Kaiser Karl V.* zurück. Er verbot der Bevölkerung den Export von Getreide. So wurde in der *Herve*-Gegend vom Ackerbau auf Weideland und Viehzucht umgestellt.
Vom *Herve* wurden andere Käse wie *Limburger* und *Romadur* abgeleitet.

Käsename: Herve
gesprochen: herwe
Herkunftsland: Belgien, Provinz Lüttich
Milch: Kuhmilch
Käsefamilie: Weichkäse mit gewaschener Rinde
Fett i. Tr.: 45%
Form: Würfelförmig, Seitenlänge 9 cm, Gewicht 400 g
Reifezeit: 5 Monate
Aussehen: Außen dunkelgelbe bis braungelbe, festere Rinde; innen safrangelber, geschlossener Teig
Geschmack: Sehr kräftig bis ausgeprägt duftend, ohne Säure

Ibores

Der Namen dieses Käses leitet sich von der im Nordosten der Extremadura gelegenen Bergkette »Ibor« ab, er wird seit etwa 50 Jahren unter diesem Namen hergestellt. Ähnlich wie bei dem *La Serena,* der aus der gleichen Region stammt, fressen die Ziegen einen vermehrten Anteil an Eicheln, was den Geschmack des Käses sehr prägt.

Während der Reifezeit wird der Käse mit einem besonderen geräucherten Paprikapulver eingerieben, das aus *La Vera* stammt.

Käsename: Ibores
gesprochen: ibores
Herkunftsland: Spanien, Region Extremadura
Milch: Ziegenmilch
Käsefamilie: Ziegenkäse
Fett i. Tr.: 45 %
Form: Zylindrische Form mit 15 cm Ø und einer Höhe von 10 cm, Gewicht 650 g bis 1 kg
Reifezeit: 2 Monate
Aussehen: Außen rot-braun; innen cremefarbener heller Teig mit kleiner gut verteilter Lochbildung
Geschmack: Sehr säurebetonter erdiger Milchgeschmack

Idiazábal

Der Name leitet sich von einem kleinen Ort im Herzen des Baskenlandes ab. Der Ursprung des Käses ist die Gebirgsregion in den Pyrenäen, wo die Gebirgsketten Aralar und Urbia zusammentreffen. Hier wird der Käse auf traditionelle Weise hergestellt. Vor der Einigung auf den heutigen Namen Idiazábal trug er unterschiedliche regionale Namen, meist den der Ortschaft, in der er hergestellt worden war.

Der Käse wird mit einer Mischung von Buchen-, Weißdorn- und Kirschholz geräuchert, bevor er im Tal verkauft wird. Seit 18 Jahren trägt er den Namen *Idiazábal* als Synonym für baskischen Käse und wird heute sowohl traditionell als auch industriell hergestellt.

Käsename: Idiazábal
gesprochen: idia-sabal
Herkunftsland: Spanien, Region Baskenland und Navara
Milch: Schafmilch
Käsefamilie: Schafkäse
Fett i. Tr.: 45–50%
Form: Glatter Zylinder, etwa 16 cm Ø und 10 cm Höhe, Gewicht ca. 1 kg
Reifezeit: 3 Monate
Aussehen: Mittel- bis dunkelbraune glatte Rinde, blassgelber Teig mit nur vereinzelter kleiner Lochung
Geschmack: Aromatisch säuerlich und grasig bis kräftig; umschlossen von leichtem Raucharoma

La Serena

In der *Extremadura* entwickelte sich unter arabischer Herrschaft und christlicher Zurückeroberung ein Wanderhirtenvolk, das dieses Niemandsland nutzte. Deren Merinoschafe gaben wenig, aber sehr fette Milch. Nachdem das Volk sesshaft wurde, produzierten sie auch Käse für den Verkauf.

Ähnlich dem *Ibores*, der aus der gleichen Region stammt, fressen die Schafe relativ viel Eicheln der dortigen Eichelwälder. Diese gerbsäurehaltige Fütterung in Verbindung mit der Dicklegung der fetten Milch durch Distelgewächse und der traditionellen Verarbeitung verleihen dem Käse einen ganz eigenen, unverkennbaren Geschmack.

Käsename: La Serena
gesprochen: la serena
Herkunftsland: Spanien, Region Extemadura
Milch: Schafmilch
Käsefamilie: Schafkäse
Fett i. Tr.: 50–56%
Form: Abgeflachter Zylinder mit 20 cm Ø und 7 cm Höhe, Gewicht 1 kg
Reifezeit: 2 Monate
Aussehen: Bräunlich glatte Rinde mit leichter, weißer Schimmelbildung; innen cremefarbener, gelblicher weicher Teig
Geschmack: Urtümlicher, säuerlich erdiger leicht bitterer Geschmack

Langres

Der Käse ist nach der Stadt *Langres* auf dem gleichnamigen Hochplateau in der Provinz *Haute-Marne* benannt. Ursprünglich wurde er im 18. Jahrhundert von Dominikaner-Mönchen entwickelt und bis zur Mitte des 20. Jahrhundert nur auf Bauernhöfen produziert. Er erhält seine Form daher, dass er nach dem Schöpfen nicht gewendet wird. In diese muldenartige Vertiefung wird *Marc* (Trester) gefüllt, mit dem der Käse während der Reifung abgewaschen wird.

Käsename: Langres
gesprochen: lañgre
Herkunftsland: Frankreich, Region Champagne-Ardenne, Departement Haute-Marne
Milch: Kuhmilch
Käsefamilie: Weichkäse mit gewaschener Rinde
Fett i. Tr.: 52 %
Form: Zylinderartig; Unterseite flach mit 6 cm Ø, Oberseite mit einer muldenförmigen Vertiefung und 7 cm Ø, Höhe 4,5 cm, Gewicht 200 g
Reifezeit: 2 Monate
Aussehen: Außen orange-braune, feuchte Rinde; innen am Rand gelblich, zur Mitte hin cremefarben
Geschmack: Kräftig, fruchtig, je nach Reifegrad leicht säuerlich

Le Fium 'Orbu Brebis

Die Geschichte des Hirtentums reicht wie bei allen Inseln im Mittelmeer weit in die Frühgeschichte zurück. Nachdem der Schafskäse eine reine bäuerliche Produktion war, unterlag die Herstellung oft unterschiedlichen Bedingungen, so dass Qualitätsschwankungen nicht ausblieben.

Im Jahr 1948 machte sich ein Herr *Ottavi* mit einer kleinen Molkerei selbständig und arbeitete mit mehreren Bauern zusammen, produzierte deren Käse nach althergebrachter Rezeptur und unter gleichbleibenden Bedingungen. Um sich von den anderen Käsen abzuheben, gaben sie dem ihren den Namen des Flusses Fium 'Orbu, der durch ihr Gebiet floss.

Käsename: Le Fium 'Orbu Brebis
gesprochen: löfiumorbu bröbi
Herkunftsland: Frankreich, Insel Korsika, Departement Haute-Corse
Milch: Schafmilch
Käsefamilie: Schafkäse
Fett i. Tr.: 50%
Form: Laib mit 10 cm Ø, Höhe 4 cm, Gewicht 350g
Reifezeit: 5 Wochen
Aussehen: Außen orange-braune Rinde mit vereinzeltem Naturschimmel, innen cremefarbener, geschlissener Teig
Geschmack: Fruchtiger, karamelliger Schafmilchgeschmack

Leitzachtaler

Der Käse trägt den Namen seines Ursprungsgebiet, dem *Leitzachtal*. Es handelt sich um eine Einzelfabrikation der Familie Haas. Der Hof wird seit 1477 landwirtschaftlich betrieben. Da bei der Übergabe des Hofes an den Jungbauern kein Rinderkontingent vorhanden war, fingen die Betreiber mit der Ziegenhaltung und Verarbeitung der Produkte an. Die Ziegenhaltung und Käseherstellung ist nun ein fester Bestandteil des eigens dafür artgerecht und aufwändig umgebauten Hofes geworden.

Käsename: Leitzachtaler
Herkunftsland: Deutschland, Region Oberbayern
Milch: Ziegenmilch
Käsefamilie: Frischkäse
Fett i. Tr.: 45 %
Form: Kleiner Laib mit 5 cm Ø und 4 cm Höhe, Gewicht ca. 120 g
Reifezeit: keine
Aussehen: Außen wie innen weiß
Geschmack: Sehr mild erfrischend säuerlich

Livarot

Der Käse ist nach einer Stadt in der Provinz *Calvados* benannt. Der Verwalter *Pommereu de la Bretesche* ließ 1693 festhalten, dass der *Livarot* ein sehr häufig gegessener Käse in Paris sei. Im Jahr 1708 wurde er gar von *Thomas Corneille* in seinem *Dictionnaire Universel Géographique et Historique* aufgenommen. 1877 wurde er von den Chronisten wegen seines ausgeprägten Geschmackes und seiner Nahrhaftigkeit als »Fleisch der Armen« bezeichnet, da er mit knapp 5 Millionen Laiben die meist verzehrte Eiweißquelle der Normandie war. Später wurde der Spitzname gegen den des *Colonel* eingetauscht, da er zur Stabilisierung fünfmal mit Bastband umwickelt wurde, was an die fünf Streifen an der Uniform eines Colonels erinnerte.

Käsename: Livarot
gesprochen: liwaro
Herkunftsland: Frankreich, Region Normandie, Departement Manche
Milch: Kuhmilch
Käsefamilie: Weichkäse mit gewaschener Rinde
Fett i. Tr.: 40 %
Form: Kleiner Laib mit 12 cm Ø, Höhe 5 cm, Gewicht 450 g
Reifezeit: 9 Wochen
Aussehen: Außen rotorange, fast trockene Rinde, an den Seiten mit einer fünfstreifigen Banderole umwickelt; innen goldgelber Teig mit stecknadelgroßen Bruchlöchern
Geschmack: Dezent fruchtig, angenehm derb, erdig

Mahón

Der Name leitet sich von der Hafenstadt *Mahón* ab und war Namensgeber für alle aus Kuhmilch hergestellten Käse der Balearen.
Schon seit dem 5. Jahrhundert wurde auf der Insel Käse hergestellt, aber die Kuhmilchproduktion begann erst im 19. Jahrhundert, da die Engländer für die Einführung der Rinder sorgten. Nur wenige handwerklich hergestellte Käse werden direkt verzehrt. Die meisten kommen aus der Molkerei und werden zu Schmelzkäse verarbeitet.

Käsename: Mahón
gesprochen: maon
Herkunftsland: Spanien, Insel Menorca
Milch: Kuhmilch
Käsefamilie: Käse mit gepresstem Teig
Fett i. Tr.: 38 %
Form: Quader mit quadratischer Grundfläche und abgerundeten Ecken, Seitenlänge 20 cm, Höhe 10 cm, Gewicht 1,5 kg
Reifezeit: Mindestens 21 Tage
Aussehen: Außen orangefarbene glatte Rinde; innen champagnerfarbener fester Teig mit wenigen kleinen Löchern
Geschmack: Sehr mild säuerlich, im Laufe der Reifung steigt der Salzgehalt

Majorero

Majorero leitet sich von dem ursprünglichen Inselnamen ab. Dort wurde schon vor 2000 Jahren Käse hergestellt, der von *Plinius dem Älteren* erwähnt wurde, sich aber sehr von den heutigen Käsen unterschied.

Man findet den Käse in verschiedenen Rindenbehandlungen. Manchmal werden sie zusätzlich zur Naturreifung auch mit Paprikapulver oder Gofio (Maismehl) eingerieben.

Käsename: Majorero
gesprochen: macharero
Herkunftsland: Spanien, Insel Fuerteventura
Milch: Ziegenmilch
Käsefamilie: Ziegenkäse
Fett i. Tr.: 45 %
Form: Zylindrischer Laib, 12 cm Höhe, 30 cm Ø, Gewicht ca. 4,5 kg
Reifezeit: 3 Monate
Aussehen: Außenrinde durch Pfriemgrasstreifen geprägt, goldgelb; innen weiß mit zahlreichen unregelmäßig geformten reisgroßen Löchern
Geschmack: Mild karamellig, anhaltend aromatisch

Manchego

Der Name geht auf des Gebiet der *La Mancha* zurück. Dieses weite Hochland unterliegt extremen klimatischen Bedingungen. Im Sommer leidet es unter der Hitze und im Winter unter der Kälte. Da dort überall Getreide angebaut wird, treibt man die Schafherden nach der Ernte über die verbleibenden Stoppelfelder, da das sonstige Nahrungsangebot knapp ist. Diese einseitige Fütterung in Verbindung mit der Schaftierrasse der *Manchega* ergibt diesen einzigartigen, typischen Geschmack. Wann sein genauer Ursprung war, läßt sich nicht ermitteln, doch er reicht weit zurück. Auch dass *Don Quijote* ein glühender Verehrer des *Manchego* war, wird immer erwähnt. Der Manchego ist der wichtigste Schafkäse Spaniens und etwa 95 % der Schafmilch werden zu diesem Käse verarbeitet.

Käsename: Manchego
gesprochen: mantschego
Herkunftsland: Spanien, Region Kastilien-La Mancha, Provinz Toledo
Milch: Schafmilch
Käsefamilie: Schafkäse
Fett i. Tr.: 48 %
Form: Laib mit 18 cm Ø, Höhe 9 cm, Gewicht 2,6 kg
Reifezeit: 6 Monate
Aussehen: Außen dunkle Rinde mit Binsenkorbmusterung; innen weißer bis elfenbeinfarbener Teig mit vereinzelten kleinen Löchern und Rissen
Geschmack: Aromatisch bis kräftig, urtümlich säuerlich

Maroilles

Der Käse leitet seinen Namen von einer bedeutenden Abtei ab, die im 7. Jahrhundert in der Nähe der belgischen Grenze gegründet wurde. Ein Dokument aus dem Jahre 1174 legte fest, dass die Bauern das Produkt der am 24. Juni verkästen Morgenmilch am 1. Oktober in der Abtei abzugeben hatten. Ab dem Mittelalter hatte er einen festen Platz an der königlichen Tafel. Mitte des 19. Jahrhundert begann dann die molkereimäßige Herstellung und es entwickelten sich eine Vielzahl verschiedener Formen.

Käsename: Maroilles
gesprochen: maroal
Herkunftsland: Frankreich, Region Picardie, Departement Aisne
Milch: Kuhmilch
Käsefamilie: Weichkäse mit gewaschener Rinde
Fett i. Tr.: 50%
Form: Tafelförmig, Seitenlänge 11,5 cm, Höhe 5 cm, Gewicht 500 g
Reifezeit: 3 Monate
Aussehen: Außen rötlich-braune, feuchte Rinde mit dem Muster der Käsematten; innen geschlossener, goldgelber Teig
Geschmack: Pikant, kräftig

Mimolette vieille

Der Käse ist holländischen Ursprungs und wurde früher auch Holländer genannt. Es war in erster Linie eine Art Edamer für den Export und wurde viel nach Frankreich, insbesondere in die Gegend von Lille, verkauft. Im 17. Jahrhundert hatte Minister *Colbert* die Einfuhr von ausländischen Produkten verboten und man soll seit dieser Zeit angeblich mit der Mimoletteherstellung um Lille begonnen haben.
Doch wurden erst seit der Wirtschaftskrise in den 30er Jahren die ersten Mimoletteherstellungen bekannt. Mitte der 40er Jahre änderte man den Namen Holländer in Mimolette, der von *mi-mou* (halbweich) abgeleitet wurde. Die orange Farbe wurde anfangs durch Karotin, ab den 60er Jahren durch den Zusatz von *Orleanrouge*, einem Farbstoff aus dem tropischen *Roku*-Baum, erreicht. Die Reifung wäre wie bei Edamer Käse, wenn man sie in Wachs verpackt hätte, um die Schimmelbildung zu verhindern. In Lille tauschte man das Wachs durch Käsemilben aus, die den Schimmel verzehren und gleichzeitig durch die stattfindende Oxidation mit dem Innenteig dem Käse einen nussigeren Geschmack geben. Aufgrund der wertvollen geschmacklichen Veränderungen durch die Käsemilbe bei der Reifung, ist sie seit 2004 von der EU rechtlich erlaubt.

Käsename: Mimolette vieille
gesprochen: mimolet vije·i
Herkunftsland: Frankreich, Region Nord-Pas-de-Calais, Departement Pas-de-Clais
Milch: Kuhmilch
Käsefamilie: Käse mit gepresstem Teig
Fett i. Tr.: 40 %
Form: Kugelförmig mit 20 cm Ø, Gewicht 3 kg
Reifezeit: 18 Monate
Aussehen: Außen trockene, poröse, orangebraune Rinde; innen orangefarbener, mürber Teig mit vereinzelter, kleiner Lochung
Geschmack: Kräftiger Haselnussgeschmack von einer leichten Lieblichkeit begleitet

Morbier

Benannt ist der Käse nach einer Kleinstadt im Departement Jura. Ursprünglich wurde er nur hergestellt, wenn die Milch für einen *Comté* nicht ausreichend war.

Mit Beginn der Talkäsereien zu Anfang des 19. Jahrhundert wurde auch der *Morbier* das ganze Jahr über hergestellt. Die genaue Ursache seiner Ascheschicht ist nicht mehr zu ermitteln. Es wird aber angenommen, dass der Erfinder durch diese Beigabe eine deutliche Kennzeichnung zu ähnlichen Varianten (z.B. *Raclette*), die in diesem Gebiet hergestellt wurden, erreichen wollte und auch auf eine Aromatisierung hoffte.

Käsename: Morbier
gesprochen: morbje
Herkunftsland: Frankreich, Region Franche-Comté, Departement Jura
Milch: Kuhmilch
Käsefamilie: Käse mit gepresstem Teig
Fett i. Tr.: 45 %
Form: Laib mit 45 cm Ø, Höhe 7 cm, Gewicht 8,5 kg
Reifezeit: 3 Monate
Aussehen: Außen hellbraune Rinde; innen elfenbeinfarbener Teig, mit vereinzelter Lochung; in der Mitte des Laibes eine etwa 1 cm dicke Ascheschicht
Geschmack: Mild bis leicht fruchtig. Nur leicht säuerlich, bedingt durch die Ascheschicht

Mothais

Der Name leitet sich von der Stadt *La Moth Saint Heray* ab und dieser Käse wird in der Gegend seit mehreren Jahrhunderten hergestellt. Da es meist, wie vielerorts, lediglich kleine bäuerliche Produktionen waren, überquerte der Käse nur in Ausnahmefällen die Provinzgrenze.

Erst durch die stärkere Kommerzialisierung wurde der Käse bekannter und es bemühen sich zurzeit etwa 15 Hersteller um einen Ursprungsschutz.

Käsename: Mothais
gesprochen: motä
Herkunftsland: Frankreich, Region Poitou-Charentes, Departement Deux-Sèvres
Milch: Ziegenmilch
Käsefamilie: Ziegenkäse
Fett i. Tr.: 45 %
Form: Kleiner Laib mit 10 cm Ø, Höhe 3 cm, Gewicht 200 g
Reifezeit: 3 Wochen
Aussehen: Außen blassgelbe wellige Rinde mit weißblauen Schimmelflecken und Kastanienblatt; innen weißer geschlossener Teig
Geschmack: Säuerlich mild cremig leicht haselnussartig

Mozzarella di bufala

Der Name leitet sich von *mozzare* (abziehen) ab, was sich auf die Herstellung bezieht. Die zusätzliche Bezeichnung kann auf die Form oder die Milchart hinweisen. Der ursprüngliche *Mozzarella* ist immer aus Büffelmilch und wird von Hand hergestellt. Die Tiere sind mit den Griechen, die eine hochentwickelte Käsekultur hatten, in die *Campagna* gekommen. Von ihnen, überwiegend Bauern, wurde *Paestum* (damals *Poseidonia*) etwa um 600 v. Chr. gegründet.

In der seinerzeit weitgehend unbewohnten Schwemmlandebene sind die Griechen mit der Zeit in der Bevölkerung aufgegangen. Schon Cäsar begann mit der Trockenlegung der Sümpfe, was bis in die Mitte des 20. Jahrhunderts fortgeführt wurde. Die abnehmende Zahl der Büffel auf der einen und die steigende Nachfrage auf der anderen Seite hat dazu geführt, den Käse aus Kuhmilch herzustellen und zu industrialisieren. Geschmacklich hat er kaum Ähnlichkeit mit dem Original.

Käsename: Mozzarella di bufala
gesprochen: mozarela di bufala
Herkunftsland: Italien, Region Kampanien
Milch: Büffelmilch
Käsefamilie: Frischkäse
Fett i. Tr.: 45 %
Form: Kugel, Umfang etwa 20 cm, Gewicht 250 g; die Abreißnaht, die bei der Herstellung entsteht, ist deutlich zu erkennen. Der Käse liegt in einem leicht gesalzenen Molkebad
Reifezeit: Keine
Aussehen: Außen weiße, etwas stabilere Haut; innen weißer, elastischer Teig mit längsgezogener Lochung, in der sich Molke sammelt
Geschmack: Säuerlich, vollaromatisch, milchartig und sehr anhaltend im Aroma

Munster

Der Ursprung des Munsters ist das *Fech*-Tal, das seit 668, nach einer Klostergründung, auch *Munster*-Tal (abgeleitet von Monasterium) genannt wurde.
Über einen regelmäßigen Weideauftrieb existieren seit dem Jahre 850 Aufzeichnungen.
Käse, die auf der Lothringer-Seite produziert wurden, nannte man *Géromé*. Die Fabrikation ist auf die Provinzen *Bas-Rhin*, *Haut-Rhin Vosges*, *Meurthe-et-Moselle*, *Moselle Haue-Saône* und *Belfort* beschränkt.

Käsename: Munster
gesprochen: mänst**är**
Herkunftsland: Frankreich, Region Elsass, Departement Haut-Rhin
Milch: Kuhmilch
Käsefamilie: Weichkäse mit gewaschener Rinde
Fett i. Tr.: 50%
Form: Scheibe mit 16 cm Ø, Höhe 3,5 cm, Gewicht 700 g
Reifezeit: 2 Monate
Aussehen: Außen orange-rote, feuchte Rinde; innen geschmeidiger, gelber Teig
Geschmack: Pikant fruchtig

Olivet cendré

Olivet ist eine Kleinstadt in der Nähe von *Orleans*, nach der der Käse benannt wurde. *Cendré* bedeutet »mit Asche bestreut«.
Bei der Asche handelt es sich in der Regel um verbrannte Weinreben. Durch die Aschung wird die Reifeflora beeinflusst, was zu einer längeren Haltbarkeit, einer Art Konservierung führt. Das hat man bis heute beibehalten.
Statt mit Asche bestreut gibt es den Olivet auch mit Salbei, auf Kastanienblättern und in Waldheu.

Käsename: Olivet cendré
gesprochen: oliwe sañdre
Herkunftsland: Frankreich, Region Centre, Departement Loiret
Milch: Kuhmilch
Käsefamilie: Weichkäse mit Außenschimmel
Fett i. Tr.: 45%
Form: Kleine Scheibe mit 10 cm Ø, Höhe 3 cm, Gewicht 200 g
Reifezeit: 3–4 Wochen
Aussehen: Außen unregelmäßige, geaschte Oberfläche, die mit einem weißen Schimmel überwachsen ist; innen blaßgelber Teig
Geschmack: An Pilze erinnernd, durch die Ascheauflage nur dezentes Aroma und wenig Säure

Parmigiano Reggiano

Der Name leitet sich von den beiden Provinzen ab, in denen der Käse ursprünglich hergestellt wurde, nämlich *Parma* und *Reggio Emilia*. *Martialis* erwähnte im Jahr 1 n.Chr., wie die Käse von *Parma* über den *Cirone*-Paß des *Apennin* in der Nähe von dem heutigen *La Spezia* verschifft wurden. Seit dieser Zeit tauchen regelmäßig die Bezeichnungen „*parmigiano*" und „*reggiano*" auf. Erst durch den Zusammenschluss der Hersteller beider Gebiete wurde im Jahr 1934 der Name *Parmigiano-Reggiano* festgelegt. Die besten Laibe werden aus der Milch der *Rassa-Reggia* gewonnen. Die Produktion ist heute auf die Provinzen *Parma, Riggio Emilia, Modena, Mantua* und *Bologna* beschränkt. Im Gegensatz zum *Grana Padano*, dessen Produktionsgebiet weitläufiger ist, darf der *Parmigiano Reggiano* nicht mit Safran gefärbt werden und es dürfen keine Gährungshemmer in das Futter beigemischt werden.

Käsename: Parmigiano Reggiano
gesprochen: parmidschano redschano
Herkunftsland: Italien, Region Emilia Romagna, Provinz Parma
Milch: Kuhmilch
Käsefamilie: Käse mit nachgewärmtem und gepresstem Teig
Fett i.Tr.: 35 %
Form: Zylinderförmig, mit nach außen gewölbtem Rand, 38 cm Ø, Höhe 20 cm, Gewicht 32 kg
Reifezeit: 2 Jahre
Aussehen: Außen durch ein Öl-Ton-Erdegemisch hellbraun gefärbte Rinde mit eingeprägter Aufschrift *Parmigiano Reggiano*; innen leicht strohfarbener, etwas körniger, brüchiger Teig
Geschmack: Vollmundiger Milchcharakter, wenig Säure

Pechegos

Der Name stammt von dem südfranzösischen Dialektwort *Pech* ab, was soviel wie Plateau bedeutet. Daraus wurde mit der Zeit *Pechegos*. Hier weiden tagsüber die Ziegen.

Seine Wurzeln hat der Käse in der Nähe des Ortes *Penne*. Der Erfinder *Jeff Rémond*, ein Verehrer des *Vacherin* Käse, hatte vor etwa 25 Jahren die Idee, einen ähnlichen Käse aus Ziegenmilch zu kreieren und übernahm für ihn den Namen des Plateaus: Pechegos.

Die Holzaromen harmonieren hervorragend mit Ziegenmilch die in der vacherinfreien Zeit von März bis Oktober zur Verfügung steht.

Käsename: Pechegos
gesprochen: peschegoß
Herkunftsland: Frankreich, Region Midi-Pyrénées, Departement Tarn
Milch: Ziegenmilch
Käsefamilie: Ziegenkäse
Fett i. Tr.: 45 %
Form: Laib mit 11 cm Ø, Höhe 4 cm, Gewicht 300 g
Reifezeit: Ab vier Wochen
Aussehen: Außen rot-bräunlich bis braun, Rand mit Fichtenrinde umwickelt; innen weiß, leicht gelblicher fein cremiger bis laufender Teig
Geschmack: Aromatischer, fruchtiger Ziegenmilchgeschmack mit Aromen vom Fichtenholz

Pecorino sardo

Der Name leitet sich von *Pecora* ab, was im italienischen »Schaf« bedeutet. Die Herstellung ist in Italien weit verbreitet, weshalb jeder Pecorino als Zusatzbezeichnung die Gegend seiner Herstellung erhält. Eine Ausnahme bei den *Pecorinos* bildet die Rezeptur der *Fiore sardo* (sardische Blüte), bei deren Herstellung Artischockensaft für die Gerinnung verwendet wird.

Anschließend wird ein Teil der Käse geräuchert, wozu man noch vereinzelt die Zweige des Mastixbaumes verwendet. Die Schafkäseherstellung auf Sardinien geht mehrere tausend Jahre zurück, unterlag aber oft Qualitätsschwankungen, die durch die Gründung der ersten Genossenschaft im Jahr 1907 behoben wurden.

Käsename: Pecorino sardo
gesprochen: pekorino sardo
Herkunftsland: Italien, Region Sardinien
Milch: Schafmilch
Käsefamilie: Schafkäse
Fett i. Tr.: 48 %
Form: Kugelförmig mit leicht eingefallener Oberfläche, 20 cm Ø, Gewicht 3 kg
Reifezeit: 9 Monate
Aussehen: Außen durch ein Öl-Erdgemisch schwarz gefärbte Rinde; innen weißgrauer bis strohfarbener, körniger trockener Teig
Geschmack: Sehr intensiv, begleitet vom Geschmack des Räucherns, leicht erhöht im Salzgehalt

Pecorino toscano

Der Name Pecorino leitet sich von *Pecora* ab, was Schaf bedeutet. Zur Zeit der voranschreitenden Industrialisierung wurden immer mehr Gebiete der Toskana entvölkert. Nachziehende Sarden ließen sich dann dort nieder und führten ihr Hirtenleben wie auf der Heimatinsel weiter. So erlebte die Käseproduktion in der Toskana eine wahre Wiedergeburt.

Käsename: Pecorino toscano
gesprochen: pekorino toskano
Herkunftsland: Italien, Region Toscana
Milch: Schafmilch
Käsefamilie: Schafkäse
Fett i. Tr.: 45 %
Form: Laib mit 18 cm Ø, Höhe 8 cm, Gewicht ca. 1,5 kg
Reifezeit: 1–6 Monate
Aussehen: Außen strohfarbene, glatte geschlossene Rinde; innen weiß bis cremefarben; vereinzelt unregelmäßig geformte Löcher, im Alter bröckelig
Geschmack: Intensiv milchig, begleitet von leichter Süße

Pérail

Pérail leitet sich von dem *Péral* ab, einem Stein, den man als »Allzweckwerkzeug« oft in der Küche verwandte. Der Käse wird mindestens genauso lange hergestellt wie der *Roquefort*. Früher war es nicht außergewöhnlich, nur zehn Schafe zu halten und am Ende der Milchzeit, wenn die Milch (etwa 20 Liter) nicht mehr für einen *Roquefort* reichte, für den Eigenbedarf den *Pérail* herzustellen. Da es für einen Handel viel zu geringe Mengen waren, blieb es ein regionales Produkt, das erst mit Zunahme der Herdengrößen populärer geworden ist.

Käsename: Pérail
gesprochen: Pera·i
Herkunftsland: Frankreich Region Midi-Pyrénées, Departement Aveyron
Milch: Schafmilch
Käsefamilie: Schafkäse
Fett i. Tr.: 45 %
Form: Taler mit 10 cm Ø, Höhe 1,5 cm, Gewicht 100 g
Reifezeit: 3 Wochen
Aussehen: Außen strohgelb mit natürlicher Schimmelbildung; innen weiß bis blassgelber geschlossener Teig
Geschmack: Sahniger, kräftig-aromatischer, leicht karamelliger Geschmack

Picodon

Bei dem Namen handelt es sich um eine Phantasiebezeichnung. Im April 1996 nahm *Jean Jaques Favier*, Astronaut der Raumfähre Columbia einige *Picodon* in den Weltraum. Man würde es einem Franzosen schwer glauben, wenn er behaupten würde, dies nur aus wissenschaftlichen Interesse zu tun. Die Fabrikation ist auf die Provinzen *Drôme, Ardèche, Gard* und *Vaucluse* beschränkt.

Käsename: Picodon
gesprochen: pikodoñ
Herkunftsland: Frankreich, Region Rhône-Alpes, Departement Drôme
Milch: Ziegenmilch
Käsefamilie: Ziegenkäse
Fett i. Tr.: 45 %
Form: Kleine Scheibe mit 5 cm Ø, Höhe 3 cm, Gewicht 80 g
Reifezeit: Keine bis 3 Wochen
Aussehen: Außen blaßgelbe bis rotschimmernde, unregelmäßige Oberfläche, die zuweilen mit graublauem Schimmel überwachsen ist; innen kompakter, elfenbeinfarbener Teig
Geschmack: Leicht säuerlich, im Abgang erinnert der Geschmack an Feigen

Pierre Robert

Bei dem Namen handelt es sich um die Vornamen von *Robert Rouzaire* und seinem Käser, die gemeinsam diese Kreation entwickelten. Es ist eine relativ neue Käsevariation, die jetzt aber auch schon seit zwei Generationen hergestellt wird.

Käsename: Pierre Robert
gesprochen: piär robär
Herkunftsland: Frankreich, Region Île-de-France, Departement Seine-et-Marne
Milch: Kuhmilch
Käsefamilie: Weichkäse mit Außenschimmel
Fett i. Tr.: 75 %
Form: Scheibe mit 13 cm Ø, Höhe 4,5 cm, Gewicht 500 g
Reifezeit: 4 Wochen
Aussehen: Außen geschlossener weißer Schimmelrasen, mit grauen, gelegentlich rötlichen Flecken an den Rändern; innen fester, jedoch cremiger, hellgelber Teig
Geschmack: Sahnig, leicht säuerlich, aromatisch

Pont l'Évêque

Der Käse ist nach dem gleichnamigen Ort in der Provinz Calvados benannt. Diesen Namen erhielt er erst im 17. Jahrhundert. Zuvor hieß er Angelot, dann Augelot, woraus sich dann der Name der Gegend Pays d'Auge entwickelte. Aufgrund einer ausführlichen Beschreibung in dem von Guillaume de Lorris 1230 veröffentlichten „Roman de la Rose", lässt sich sein Alter ungefähr ermitteln. Die Produktion ist auf die Provinzen Calvados, Eure, Manche Orne, Seine-Martime und Mayenne beschränkt.

Käsename: Pont l'Évêque
gesprochen: põn lewäk
Herkunftsland: Frankreich, Region Normandie, Departement Calvados
Milch: Kuhmilch
Käsefamilie: Weichkäse mit gewaschener Rinde
Fett i. Tr.: 50 %
Form: Kleine Tafel mit 11 cm Seitenlänge, Höhe 3 cm, Gewicht 400 g
Reifezeit: 5 Wochen
Aussehen: Außen orangebraune Oberfläche, zum Teil mit weißen Schimmelspuren und deutlich ausgeprägtem Muster der Käsematte; innen strohgelber, speckiger Teig, mit vereinzelten Löchern
Geschmack: Ausgeprägter aromatischer Milchgeschmack

Raclette

Der Name leitet sich vom französischen *racler* ab und bedeutet »schaben«. Damit wird auf die Verwendungsmöglichkeit des Käses hingewiesen. Bei der traditionellen Herstellung wird das Herstellungsgebiet, so z.B. *Gomser* oder *Alpe Nr. 315*, auf der Rinde eingeprägt. Käse aus Molkereiherstellung tragen die Bezeichnung *Raclette* mit Herkunftsland z.B. *Raclette suisse*. Noch heute gibt es zahlreiche Sennereibetriebe in der Schweiz, insbesondere im Wallis, die im Sommer etwa 100 Tage auf der Alp käsen, deren Produkte dann über die Winterzeit verzehrfertig sind.

Käsename: Raclette
gesprochen: raklet
Herkunftsland: Schweiz, Kanton Wallis
Milch: Kuhmilch
Käsefamilie: Käse mit gepresstem Teig
Fett i. Tr.: 50 %
Form: Flacher Laib mit 30 cm Ø, Höhe 6 cm, Gewicht 4,5 kg
Reifezeit: 4 Monate
Aussehen: Außen trockene, weiß-rosafarbene Rinde mit eingebrannter Herkunftsbezeichnung am Rand; innen elfenbeinfarbener, sämiger Teig, mit wenig Löchern
Geschmack: Aromatisch, leicht fruchtig

Reblochon fermier

Der Käse ist durch eine kleine Schwindelei entstanden. Im 15. Jahrhundert wurde die Pacht anhand der Milchmenge festgelegt. Um sich vor hohen Abgaben zu schützen, wurden die Kühe während der Kontrollen nicht vollständig ausgemolken. Mit diesem Nachgemelk (*la robloche*) fertigten die Bauern einen kleinen Käse. Heute gibt es noch etwa 80 Bauern, die Reblochon herstellen; 40 davon gehen im Sommer auf die Alp, um dort zu verkäsen.

Da dieser Käse mit verdünnter Milch abgewaschen wird, entwickelt er einen ganz eigenen charakteristischen Geruch.

Die Fabrikation ist auf die Provinzen *Savoie* und *Haute-Savoie* beschränkt.

Käsename: Reblochon fermier
gesprochen: röbloschoñ fermje
Herkunftsland: Frankreich, Region Rhône-Alpes, Departement Haute-Savoie
Milch: Kuhmilch
Käsefamilie: Weichkäse mit gewaschener Rinde
Fett i. Tr.: 50 %
Form: Kleine Scheibe mit 14 cm Ø, Höhe 3,5 cm, Gewicht 500 g
Reifezeit: 5 Wochen
Aussehen: Außen rosafarbene bis bräunliche Rinde mit vereinzelt weißen Hefekolonien auf unregelmäßiger Oberfläche; innen cremefarbener bis gelber, cremiger Teig mit vereinzelt kleinen Löchern
Geschmack: Vollmundiger, angenehmer Milchgeschmack

Ricotta di bufala

Ricotta, abgeleitet von »wieder aufgekocht« wird in Italien als Quark verwendet. Sie wird aus Molke hergestellt, die bei der Herstellung von Schaf-, Kuh- oder Büffelkäse anfällt. Diese Molke wird erneut bis zum Siedepunkt aufgekocht. Als Zusatzbezeichnung trägt sie dann die Milchart, wie zum Beispiel *bufala* etc.

Das Besondere an allen Arten von *Ricotta* ist das Molkeeiweiß, das bei Erhitzung nicht schmilzt und immer einen süßlichen Geschmack besitzt.

Käsename: Ricotta di bufala
gesprochen: rikota di bufala
Herkunftsland: Italien, Region Kampanien
Milch: Büffelmolke
Käsefamilie: Frischkäse
Fett i. Tr.: 18 %
Form: Kleiner Laib von 6 cm Länge, 4 cm Breite, 3 cm Höhe und etwa 250 g Gewicht
Reifezeit: Keine
Aussehen: Außen und innen weiß mit dem deutlichen Muster der Abtropfbehälter; innen lockerer Teig
Geschmack: Mild, süßlich, anhaltend

Robiola

Dieser Frischkäse hat seinen Ursprung auf Bauernhöfen, wo er für den Hausgebrauch hergestellt wurde. Heute wird er vorwiegend in Käsereien produziert. Der Name *Robiola* ist wahrscheinlich von dem Behälter *Robio* abgeleitet, in dem er hergestellt wird. Eine andere Version sagt, er leite sich von dem Wort *rubium* ab und nimmt damit auf die rote Farbe Bezug, die der Käse während der Reifung entwickelt.

Käsename: Robiola
gesprochen: robiola
Herkunftsland: Italien, Region Piemont, Provinz Alessandria
Milch: Kuhmilch
Käsefamilie: Frischkäse
Fett i. Tr.: 45%
Form: Kleiner Würfel, Kantenlänge 7,5 cm, Höhe 4,5 cm, Gewicht 350 g
Reifezeit: Keine
Aussehen: Außen und innen cremefarbener, pastöser Teig
Geschmack: Erfrischend säuerlich, aromatisch

Rocchetta

Der Käse wird von Februar bis Ende Juni aus Schaf- und Ziegenmilch hergestellt, von Juli bis November aus Ziegen- und Kuhmilch und von Dezember bis Februar aus Schaf- und Kuhmilch.

Käsename: Rocchetta
gesprochen: roketa
Herkunftsland: Italien, Region Piemont, Provinz Cuneo
Milch: Ziegenmilch, Schafmilch, Kuhmilch
Käsefamilie: Ziegenkäse
Fett i. Tr.: 45 %
Form: Kleine Scheibe mit 10 cm Ø, 3 cm Höhe, Gewicht 300 g
Reifezeit: 3 Wochen
Aussehen: Außen gelbliche gewellte Rinde; innen elfenbeinfarbener geschlossener Teig
Geschmack: Mild, leicht säuerlich, angenehm nussig und cremig

Rocamadour

Der Käse ist benannt nach einer Stadt in dem Departement *Lot*. In den Dokumenten von *J. Meulet* wird im 15. Jahrhundert der Käse als Pachtzins erwähnt. Die Bauern mussten oft ihre Steuern in Form von Käse an den obersten Lehnsherrn zahlen. Das ist nichts Außergewöhnliches. Bei *Rocamadour* passt dieser Zusammenhang besonders gut, da er die Größe einer Münze hat.

Käsename: Rocamadour
gesprochen: rokamadur
Herkunftsland: Frankreich, Region Midi-Pyrénées, Departement Lot
Milch: Ziegenmilch
Käsefamilie: Ziegenkäse
Fett i. Tr.: 45 %
Form: Kleine Scheibe (in Form einer Münze), Ø 4 cm, Höhe ½ cm, Gewicht 30 g
Reifezeit: Keine bis 2 Wochen
Aussehen: Außen gelbe Rinde, die mit bläulichen Schimmelkolonien bedeckt sein kann; innen weißer, zarter Teig
Geschmack: Kräftig ziegig, haselnussartig

Roquefort

Der Käse hat seinen Namen von einer kleinen Gemeinde im Departement *Aveyron*. Produziert wird der Käse in mehreren Deparements. Die Reifung findet ausschließlich in den natürlichen Gesteinskellern von *Roquefort* (im Bergplateau des *Combalou*) statt. Die einzelnen Kelleretagen sind durch vertikale natürliche Luftschächte (*fleurines*) mit der Erdoberfläche verbunden. Sie sorgen für eine konstante Temperatur sowie Luftfeuchtigkeit und bilden einen Schutz vor Fremdinfektionen.

Seinen Ursprung findet man in der Römerzeit, in den Aufzeichnungen des 6. Jahresbuch von *Plinius dem Älteren*. Seine Entstehung umrankt eine liebreizende Legende: So heißt es, ein Hirtenjunge war bei der Rast und sah von weitem seine Liebste. Schnell versteckte er sein Brot mit Käse in der Felsspalte und stürzte ihr nach. Als er Tage später an der gleichen Stelle Rast machte und ihn der Hunger quälte, entsann er sich seines Brots, fand es und probierte vorsichtig das verschimmelte Häufchen.

Käsename: Roquefort
gesprochen: rokfor
Herkunftsland: Frankreich, Region Midi-Pyrénées, Departement Aveyron
Milch: Schafmilch
Käsefamilie: Käse mit Innenschimmel
Fett i. Tr.: 52 %
Form: Zylinder mit 20 cm Ø, Höhe 9 cm, Gewicht 2,5 kg
Reifezeit: 6 Monate
Aussehen: Außen weißlich gelb, feuchte, unregelmäßige Oberfläche; innen weißer bis cremefarbener, mit blaugrünen Schimmeladern und Knoten durchsetzter lockerer Teig
Geschmack: Stark aromatisch, würzig, erhöht im Salzgehalt

Rouelle

Jeff Rémond fing vor 27 Jahren mit der Ziegenhaltung in *Penne* an. Er selbst hält etwa 180 Ziegen und verarbeitet die Milch von drei weiteren Züchtern aus dem Ort. So steht ihm die Milchmenge von etwa 600 Tieren zur Verfügung.

Käsename: Rouelle
gesprochen: ruel
Herkunftsland: Frankreich Region Midi-Pyrénées Departement Tarn
Milch: Ziegenmilch
Käsefamilie: Ziegenkäse
Fett i. Tr.: 45 %
Form: Kleiner Laib mit 10 cm Ø, in der Mitte ein etwa 3 cm großes Loch, Höhe 4 cm, Gewicht 180 g.
Reifezeit: 4 Wochen
Aussehen: Außen blassgelb, mit weißblauen Naturschimmel bewachsen
Geschmack: Kräftiger, aromatischer Ziegenmilchgeschmack

Saint-Marcellin

Der Käse ist nach einer Stadt im Departement *Isère* benannt. Ursprünglich wurde der Käse auf Bauernhöfen aus Ziegenmilch hergestellt. Da die Haltung von Ziegen in diesem Gebiet stark zurückging, wurde der Käse erst aus einer Mischung von Ziegen- und Kuhmilch, später aus reiner Kuhmilch hergestellt. Da sein Teig sehr abfließend ist, wird er in Schälchen angeboten, aus denen man den Käse herauslöffelt.

Käsename: Saint-Marcellin
gesprochen: sañ marsläñ
Herkunftsland: Frankreich, Region Rhône-Alpes, Departement Isère
Milch: Kuhmilch
Käsefamilie: Ziegenkäse
Fett i. Tr.: 50 %
Form: Kleine Scheibe, Ø 6 cm, 2,5 cm Höhe, Gewicht 100 g
Reifezeit: Keine bis 3 Wochen
Aussehen: Cremefarbene bis goldgelbe Rinde, die je nach Reifegrad mit weißem bis bläulichem Schimmel überwachsen sein kann; innen weißer bis elfenbeinfarbener, cremiger bis kompakter Teig
Geschmack: Säuerlich, an Pilze erinnernd

Sainte-Maure

Der Käse ist benannt nach einer kleinen Gemeinde im Departement *Indre-et-Loire*. Damit der frische Käse nicht zerbricht, stabilisiert man ihn mit einem Strohhalm. Dokumente im Archiv von *Indre* belegen, das sich sein Ursprung bis in die Zeit der arabischen Invasion zurückverfolgen lässt.

Käsename: Sainte-Maure
gesprochen: sänt mor
Herkunftsland: Frankreich, Region Centre, Departement Indre-et-Loire
Milch: Ziegenmilch
Käsefamilie: Ziegenkäse
Fett i. Tr.: 45 %
Form: Eine sich verengende Rolle mit 4,5 cm Ø, Länge 17 cm, Gewicht 200 g
Reifezeit: 1–5 Wochen
Aussehen: Außen natürliche oder geaschte Oberfläche, je nach Reifegrad mit weißgrauem bis graublauem Schimmelbewuchs; innen weißer, kompakter Teig mit einem Strohhalm in der Mitte
Geschmack: An frische Haselnüsse erinnernd, etwas säuerlich, erdig

Saint-Nectaire

Der Käse ist nach einer Stadt im Departement *Puy-de-Dôme* benannt.

Seine genaue Ursprungszeit lässt sich nicht mehr genau ermitteln, aber aufgrund von keltischen Gerätschaften vermutet man, dass seine Geschichte weit zurück reicht. Schon im 17. Jahrhundert taucht er auch unter dem Namen *Senneterre* auf. Es besteht durchaus die Möglichkeit, dass dem Käse der Name des Feldmarschalls *Henri de La Ferté-Senneterre* gegeben wurde, da dieser ihn an der Tafel *Ludwigs XIV.* eingeführt hatte.

Die Herstellung ist auf die Provinzen *Puy-de-Dôme* und *Cantal* beschränkt.

Käsename: Saint-Nectaire
gesprochen: sañ nektär
Herkunftsland: Frankreich, Region Auvergne, Departement Puy-de-Dôme
Milch: Kuhmilch
Käsefamilie: Käse mit gepresstem Teig
Fett i. Tr.: 45 %
Form: Laib mit 21 cm Ø, Höhe 5 cm, Gewicht 1,8 kg
Reifezeit: 2 Monate
Aussehen: Außen ockerfarbene, dünne Rinde mit weißen und grauem Schimmelkolonien überzogen, gelegentlich mit gelben Flecken; innen cremefarbener, speckiger Teig mit vereinzelten Bruchlöchern
Geschmack: Mild, leicht säuerlich, ausgeprägter erdiger Geschmack

Salers

Der Käse, benannt nach dem gleichnamigen Ort seiner Herstellung, ist einer von den drei *Cantalais*. Die beiden anderen heißen *Cantal* und *Laguiole* und unterliegen genau der gleichen Herstellungsnorm, nur in unterschiedlichen geografischen Lagen. Er gehört mit dem *Roquefort* zu den ältesten Käsen Frankreichs, der auch schon von *Plinius dem Älteren* erwähnte wurde.

Seine besondere Art der Herstellung beruht auf der schwierigen Lage der Bergbauern, die versuchten einen großen haltbaren Käse aus wenig Milch zu machen. Durch die Art der Bruchbearbeitung gelang es ihnen, die kleine Tagesproduktion in große Formen zu pressen. Bis die Form voll war vergingen oft mehrere Tage. Daher kommt es auch, dass ein Bauernsalers nie eine kompakt geschlossene Rinde entwickelt und sich so Schimmeladern durch den ganzen Käse ziehen können, was eher ein Qualitätszeichen als ein Fehler ist.

Käsename: Salers
gesprochen: salär
Herkunftsland: Frankreich, Region Auvergne, Departement Cantal, Aveyron, Corrèze, Haute-Loire und Puy de Dome
Milch: Kuhmilch
Käsefamilie: Käse mit gepresstem Teig
Fett i. Tr.: 45 %
Form: Großer Zylinder mit 40 cm Ø, Höhe 45 cm, Gewicht 45 kg
Reifezeit: Ca. 8 Monate
Aussehen: Außen dicke, poröse, leicht feuchte, graubraune Rinde; innen gelblicher, verschmolzener Teig
Geschmack: Ausgeprägter, kräftiger, säuerlicher leicht bitterer Geschmack, der auch von den Kräutern der »Auvergne-Gebirgsmilch« herrührt

Sbrinz

Die Geschichte des Käses reicht weit zurück, da er wohl auch schon an die römischen Legionen verkauft wurde. Sprachwissenschaftler leiten den Namen von *sprinzo* ab. Mit diesem Begriff wurde in der Lombardei Hartkäse bezeichnet. Aufgrund des weniger gut begehbaren Geländes in der Zentralschweiz, wurden die Käse länger ausgereift sowie kleiner und getrockneter hergestellt. Darauf wurden sie von Saumtieren in die Lombardei und ins Piemont exportiert.

Käsename: Sbrinz
Herkunftsland: Schweiz, Kanton Bern
Milch: Kuhmilch
Käsefamilie: Käse mit nachgewärmtem und gepresstem Teig
Fett i. Tr.: 50 %
Form: Laib mit 40 cm Ø, Höhe 8,5 cm, Gewicht 10 kg
Reifezeit: 3 Jahre
Aussehen: Außen gelbbraune, sehr harte Rinde; innen fester, geschlossener Teig in sattem Gelbton, mit einer Vielzahl von Kristallen
Geschmack: Konzentrierter Milchgeschmack

Scamorza affumicata

Scamorza leitet sich von *scamozzare* ab, was soviel wie handschöpfen bzw. handziehen bedeutet. Es ist ebenfalls ein Filatakäse (siehe *Mozzarella*), der in vielen Formen und Milcharten angeboten wird. Es gibt sie *natur* oder *affunicata*, was geräuchert bedeutet.

Käsename: Scamorza affumicata
gesprochen: Skamorza afumikata
Herkunftsland: Italien, Region Kapanien, Provinz Salerno
Milch: Büffelmilch
Käsefamilie: Käse mit gepresstem Teig (Filatakäse)
Fett i. Tr.: 40 %
Form: Kleine Säckchen mit 400 g Gewicht
Reifezeit: Mindestens eine Woche
Aussehen: Außen teakbraune glatte Haut; innen strohgelber, geschlossener Teig
Geschmack: Dominantes milchiges Raucharoma

Selles-sur-Cher

Der Käse ist nach der Stadt *Selles* am Fluß *Cher* im Departement *Cher* benannt. Seine erste Erwähnung geht auf das Jahr 1887 zurück, man ist sich allerdings sicher, das sein Ursprung weit früher liegt. Die Fabrikation ist auf die Departements *Loir-et-Cher, Indre* und *Cher* beschränkt.

Käsename: Selles-sur-Cher
gesprochen: sel sür schär
Herkunftsland: Frankreich, Region Centre, Departement Cher
Milch: Ziegenmilch
Käsefamilie: Ziegenkäse
Fett i. Tr.: 45 %
Form: Kleine Scheibe mit 8 cm Ø, Höhe 2,5 cm, Gewicht 150 g
Reifezeit: Keine bis 4 Wochen
Aussehen: Außen mit Asche bestreute Oberfläche, die je nach Reifegrad mit weißgrauem bzw. blauem Schimmel bewachsen ist; innen weißer, kompakter Teig
Geschmack: Leicht säuerlich, erinnert an frische Haselnüsse

Soumaintrain

Der Käse erhielt seinen Namen von einem Fluß in der Provinz *Yonne*. Der Käse wurde nur noch ganz selten hergestellt und war zeitweise nur aus industrieller Produktion zu haben. Nachdem auch die Bauern in der *Bourgogne* vor dem Problem stehen, von den Molkereien nicht mehr genügend Geld für ihre Milch zu bekommen, haben einige die etwa 300 Jahre alte Tradition wieder aufgegriffen und mit der Soumaintrainherstellung begonnen.

Käsename: Soumaintrain
gesprochen: sumãñträñ
Herkunftsland: Frankreich, Region Burgund, Departement Yonne
Milch: Kuhmilch
Käsefamilie: Weichkäse mit gewaschener Rinde
Fett i. Tr.: 45 %
Form: Scheibe mit 13 cm Ø, Höhe 4 cm, Gewicht 550 g
Reifezeit: 7 Wochen
Aussehen: Außen feuchte, orangerote Rinde; innen kompakter geschlossener, elfenbeinfarbener Teig
Geschmack: Fruchtiges Aroma, etwas champagnerartig, kräftig bis pikant

Stilton

Die Herstellung des Stilton erfolgt in *Leicestershire* und den angrenzenden Grafschaften. Dem Käse wurde allerdings nicht der Name seines ersten Herstellungsortes verliehen, sondern der Name des Ortes *Stilton* in der Grafschaft *Huntingdonshire*, in dem er seine Berühmtheit erlangte. Dort wurde er erstmals in einem Gasthaus, dem *Bell Inn*, angeboten und von Reisenden verzehrt. Betreiber war ein gewisser *Mister Thonhill*. Nachdem der Käse von seinen Gästen sehr gut angenommen wurde, schloss *Thonhill* sogleich einen exklusiven Vermarktungsvertrag mit der Bäuerin *Frances Pawlett* ab.

Käsename: Stilton
gesprochen: stiltn
Herkunftsland: Großbritannien, England, Grafschaft Leicestershire
Milch: Kuhmilch
Käsefamilie: Käse mit Innenschimmel
Fett i. Tr.: 55 %
Form: Zylinder mit 20 cm Ø, Höhe 20 cm, Gewicht 7 kg
Reifezeit: 8 Monate
Aussehen: Außen graue bis hellbraune, runzlige Rinde; innen gelber, mürber Teig, mit sternförmig verlaufenden, blaugrünen Schimmelpilzadern
Geschmack: Mild gewürzt, von einer leichten Lieblichkeit begleitet

Taleggio

Der Käse ist nach dem *Taleggio*-Tal, das sich westlich der Provinz *Bergamo* erstreckt, benannt. Er stammt vermutlich aus dem 10. oder 11. Jahrhundert.
Ursprünglich wurde der Käse *Quartirolo* genannt, weil er nur aus Milch des vierten Graswuchses, dem *Grummet*, hergestellt wurde.

Käsename: Taleggio
gesprochen: taledscho
Herkunftsland: Italien, Region Lombardei, Provinz Bergamo
Milch: Kuhmilch
Käsefamilie: Käse mit gepresstem Teig
Fett i. Tr.: 48 %
Form: Tafel mit 20 cm Seitenlänge, 6 cm Höhe, Gewicht 2 kg
Reifezeit: 7 Wochen
Aussehen: Außen rötlichbraune Rinde, leichte Schmiere auf der Oberfläche, in deren Unregelmäßigkeiten ein graublauer Schimmel wächst; innen cremefarbener, speckiger Teig
Geschmack: Säuerlich, leicht milchig, etwas an Trüffel erinnernd

Taupinière

Monsieur Jousseaume hatte als Junge eine Vorliebe für Ziegen. So konnte er seine Eltern überreden, neben den Kühen auch ein paar Ziegen zu halten. Die Nachbarn holten jeden Tag ein Stück Ziegenkäse, den seine Mutter aus der Milch herstellte, und zahlten am Jahresende. Nach der Abrechnung waren auch die Eltern überzeugt.

Er übernahm den Ruinenhof seiner Großeltern, baute diesen wieder auf und fing mit einer Ziegenzucht an. Später übernahm er den Hof seiner Eltern und baute die dazugehörigen Weinstöcke aus. Nun hat er sich ganz der *Pineaux-Charent* Herstellung (*Cognac* mit Traubensaft gesprittet) gewidmet, den man zu Ziegenkäse trinkt, während seine Kinder die Ziegenfarm weiterführen.

Käsename: Taupinière
gesprochen: topinjär
Herkunftsland: Frankreich, Region Poitou-Charentes, Departement Chavente
Milch: Ziegenmilch
Käsefamilie: Ziegenkäse
Fett i. Tr.: 45 %
Form: Halbkugel, unterer Ø 9 cm, Höhe 5 cm, Gewicht 230 g
Reifezeit: Ab 2 Wochen
Aussehen: Außen, halb geascht mit weißblauem Naturschimmel überzogen; innen glatter, weißer, geschlossener Teig
Geschmack: Ausgesprochen mild cremig, nur dezent säuerlich

Tête de Moine

Der Käse hat seinen Ursprung im Kloster *Bellelay* im Berner Jura und wurde *Bellelay*-Käse genannt. Er diente als Zahlungsmittel, Beigabe zu Bittschriften oder wurde von wohlhabenden Leuten gekauft. Die Fabrikation verlagerte sich von den Bauernhöfen auf Dorfkäsereien. Den Käse sollte man wie früher schaben, indem man den oberen Rand dünn abschneidet und mit einem Messer den Teig fein abschabt. Ein so vorbereiteter Käse glich einem mit Tonsur versehenen Mönchskopf. Aus diesem Grund verlieh man dem Käse zur Zeit der französischen Besatzung den Spottnamen *Tête de Moine*, das bedeutet Mönchskopf.

Käsename: Tête de Moine
gesprochen: tät dö moan
Herkunftsland: Schweiz, Kanton Bern
Milch: Kuhmilch
Käsefamilie: Käse mit gepresstem Teig
Fett i. Tr.: 50 %
Form: Zylinder mit 10 cm Ø, Höhe 8,5 cm, Gewicht 800 g
Reifezeit: 5 Monate
Aussehen: Außen dunkelbraune, leicht genoppte, trockene Rinde; innen gelber, sämiger Teig ohne wesentliche Lochung
Geschmack: Würzig, nussartig bis fruchtig

Toma

Der Bereich, in dem das Wort *Toma* verwendet wird, lässt sich nur schwer eingrenzen. Wie in Frankreich wird es auch im *Piemont* und *Aostatal* für alle Arten von Käse verwendet, die nicht die Größe eines Bergkäses überschreiten, egal ob sie weich oder fest, frisch oder reif, aus Kuh-, Schaf-, oder Ziegenmilch hergestellt werden.

Käsename: Toma
gesprochen: toma
Herkunftsland: Italien, Region Piemont, Provinz Cuneo
Milch: Kuh-, Schaf-, Ziegenmilch
Käsefamilie: Frischkäse
Fett i. Tr.: 45 %
Form: Laib mit 10 cm Ø, Höhe 3 cm, Gewicht 220 g
Reifezeit: Keine
Aussehen: Außen und innen geschlossener, glatter weißer Teig
Geschmack: Mild, molkig säuerlich

Tomme de Chèvre

Die Bezeichnung *Tomme* wurde für alle kleineren und weicheren Käse verwendet, die nicht vom Typ des *Gruyéres* waren. Diese Bezeichnung wird vorwiegend in *Savoyen*, in der französischen Schweiz sowie als *Toma* im Piemont verwendet. Ob es die Piemonteser waren, die die Bezeichnung mit in Savoyen einbrachten, oder ob sie sie ins Piemont mitnahmen, lässt sich nicht genau ermitteln. In den Pyrénéen hat die Haltung der Ziegen noch keine so lange Tradition wie die Schafzucht. Dennoch ist sie seit etwa 150 Jahren ein fester Bestandteil dieser Gegend.

Käsename: Tomme de Chèvre
gesprochen: Tom dö schäwr
Herkunftsland: Frankreich, Region Midi-Pyrénées, Departement Aveyron
Milch: Ziegenmilch
Käsefamilie: Ziegenkäse
Fett i. Tr.: 45%
Form: Laib mit 25 cm Ø, Höhe 10 cm, Gewicht 2,2 kg
Reifezeit: 2 Monate
Aussehen: Außen hellgraue bis graue, trockene Rinde mit gelben und roten Reifeflecken und deutlichem Muster der Käseform; innen weißer, schnittfester Teig
Geschmack: Nussig, leichtes Lavendelaroma

Tommette de brebis

Monsieur Denis Pradines hat mit seiner Frau *Gervaise* mit 18 Jahren den Hof seiner Eltern übernommen, der auf Tabakanbau und Eigenversorgung ausgerichtet war. *Monsieur Pradines* fuhr regelmäßig auf das *Plateu du Larsac* und erlernte dort die Schafmilchverarbeitung. Da die Gegend, auf dem der Hof des *Monsieur Pradines* steht, sehr steinig und deshalb für Ackerbau ungeeignet ist, weitete er die Milchschafhaltung auf den reichlich vorhandenen Weideflächen aus. 1990 gründete er eine eigene Käserei zur Herstellung von *Tomme de Brebis*. Wolfgang Hofmann sen. lernte kurz darauf *Monsieur Pradines* kennen und der fertigte speziell für Herrn Hofmanns Reiferei eine kleine, weichere Variation mit dem Namen *Tommette de Brebis* an.

Käsename: Tommette de brebis
gesprochen: tomet dö bröbi
Herkunftsland: Frankreich, Region Midi-Pyrénées, Departement Lot
Milch: Schafmilch
Käsefamilie: Schafkäse
Fett i. Tr.: 50 %
Form: Laib mit 10 cm Ø, Höhe 3 cm, Gewicht 300 g
Reifezeit: 5 Wochen
Aussehen: Außen beige-braune Rinde mit dem Muster der Käseroste; innen cremefarbener, geschlossener Teig
Geschmack: Ausgeprägt fruchtiger, leicht karamelliger Schafmilchgeschmack

Tomme de Montagne vieille

Es handelt sich dabei um die gleiche Rezeptur wie bei dem *Tomme de Savoie*, da aber sein Produktionsgebiet außerhalb der AOC-Grenze liegt, trägt er den Beinamen *Montagne*. Ferner wird generell in der *Savoie* dem *Tomme* gerne der Beinamen des Tals gegeben, aus dem er kommt. Da fast in jedem Tal Käse produziert wird, ist deren Anzahl sehr groß. *Vieux* steht für alt.

Der alte *Tomme* und der *Mimolette* sind die einzigen Käse, denen eine Milbenreifung widerfährt. Sie entwickeln dadurch mehr Aroma und Geschmack.

Käsename: Tomme de Montagne vieille
gesprochen: tom dö monanje wiäij
Herkunftsland: Frankreich, Region Rhône-Alpes, Departement Isère
Milch: Kuhmilch
Käsefamilie: Käse mit gepresstem Teig
Fett i. Tr.: 50 %
Form: Laib mit 40 cm Ø, Höhe 9 cm, Gewicht 4 kg
Reifezeit: 8 Monate
Aussehen: Außen laubbraune, poröse, staubige Rinde; innen beigegelber fester Teig mit unregelmäßig geformter Lochung
Geschmack: Ausgeprägter Nussgeschmack begleitet von leichten Bitterstoffen

Tomme de Savoie

Tomme leitet sich vermutlich von dem Ausdruck *tomos* oder *tomus* ab, was im Griechischen Scheibe bedeutet. Diese Verbindung zum Griechischen ist plausibel, da die Griechen durch regen Handel auch ins Gebiet des heutigen Frankreichs kamen.

Früher wurde der Käse nur bäuerlich hergestellt daher ist die Milch für die Butterherstellung erst entrahmt worden, bevor man sie verkäste. Aus diesem Grund findet man heute noch viele *Tommes*, die fettreduziert sind.

Käsename: Tomme de Savoie
gesprochen: tom dö sawoa
Herkunftsland: Frankreich, Region Rhône-Alpes, Departement Haute-Savoie
Milch: Kuhmilch
Käsefamilie: Käse mit gepresstem Teig
Fett i. Tr.: 30%
Form: Laib mit 20 cm Ø, Höhe 6 cm, Gewicht 2 kg
Reifezeit: 3 Monate
Aussehen: Außen graue Schimmelrinde mit gelben Schimmelblüten übersät; innen blaßgelber Teig mit einzelnen Bruchlöchern
Geschmack: Mild säuerlich, leicht erdig

Trappe Echourgnac

Der Käse hat einen berühmten Vorfahren, den *Port-du-Salut* aus der *Maine*. 1909 wurden aber die Rechte an der Käseherstellung vom Kloster an ein Unternehmen übertragen und die Fabrikationsgeheimnisse weitergegeben. Dieser Käse wurde dann *Saint-Paulin* genannt. Andere Klöster produzierten weiterhin nach der immer noch geheimgehaltenen Klosterrezeptur. So auch das Kloster der Zisterzienserinnen von *Echourgnac*. Das Gründungsjahr 1868 war auch gleich der Beginn der Käseproduktion. Eine Weiterentwicklung war die Reifung in Walnusslikör, die den Innenteig des Käses prägt. Aufgrund des Nachwuchsmangels in den Klöstern müssen immer mehr die aufwändige Käseproduktion aufgeben und können nur noch die Reifung übernehmen, wie auch in *Echourgnac,* wo im Jahr 2000 die Produktion ins Weltliche verlagert wurde.

Käsename: Trappe Echourgnac
gesprochen: trapp eschurnjak
Herkunftsland: Frankreich, Region Aquitanien, Departement Dordogne
Milch: Kuhmilch
Käsefamilie: Käse mit gepresstem Teig
Fett i. Tr.: 40 %
Form: Kleiner Laib mit 9 cm Ø, Höhe 4 cm, Gewicht 300 g
Reifezeit: 6 Wochen
Aussehen: Außen glatte, walnussbraune Rinde; innen elfenbeinfarbener, geschlossener, speckiger Teig
Geschmack: Ausgeprägter Walnussgeschmack

Vacherin Fribourgeois

Der Name *Vacherin* ist abgeleitet vom lateinischen Wort *vaccarinus*, was soviel wie Senne bedeutet, wo Kühe gepflegt und Käse bereitet wird. Nachdem Senner auch für Klöster tätig waren, in denen man französisch sprach, wurde sehr wahrscheinlich aus *vaccarinus Vacherin*.

Ursprünglich wurde der Käse sehr weich produziert und außen mit einer Holzrinde, später mit einem Leinentuch in Form gehalten. Heute werden noch zwei Arten fabriziert: ein festerer und ein weicherer Typ mit der Zusatzbezeichnung »*pour fondue*«.

Käsename: Vacherin Fribourgeois
gesprochen: wascheräñ friburschoa
Herkunftsland: Schweiz, Kanton Fribourg
Milch: Kuhmilch
Käsefamilie: Käse mit gepresstem Teig
Fett i. Tr.: 48 %
Form: Laib mit 35 cm Ø, Höhe 7 cm, Gewicht 7 kg
Reifezeit: 5 Monate
Aussehen: Außen rötlichbraune, leicht feuchte Rinde, seitlich in ein Leinentuch eingeschlagen; innen blaßgelber sämiger Teig mit vereinzelten Löchern
Geschmack: Volles, fruchtiges bis nussartiges Aroma

Vacherin du Haut-Doubs *oder* Mont d'Or

Die Rezeptur zur Herstellung von *Vacherin* wurde wahrscheinlich von französischen Truppen während der Besatzung von *Fribourg* zu den Bauernhöfen in das Gebiet um den *Mont d'Or* gebracht. Dort wurde der Käse nur zur Winterzeit hergestellt, wenn die Milchmenge zur Herstellung eines Greyerzerkäses nicht mehr ausreichte. Außerdem enthielt die Milch einen hohen Anteil an altmelkender Milch (kurz nach dem Kalben), die dem Käse mit seine einzigartige weiche Konsistenz verleiht und in Verbindung mit der Tannenholzrinde auch sein Aroma.

Käsename: Vacherin du Haut-Doubs *oder* Mont d'Or
gesprochen: wascheräñ düodu *oder* mõn dor
Herkunftsland: Frankreich, Region Franche-Comté, Departement Doubs
Milch: Kuhmilch
Käsefamilie: Weichkäse mit gewaschener Rinde
Fett i. Tr.: 50 %
Form: Kleiner Laib, seitlich in Tannenholzrinde eingefasst und in einer Spanschachtel angeboten, je nach Gewicht mit 15–28 cm Ø, Höhe 3,5 cm, Gewicht 500 g, 1,5 kg oder 2,5 kg
Reifezeit: 5–8 Wochen
Aussehen: Außen hellbraune, gewellte Oberfläche; innen elfenbeinfarbener, cremiger bis abfließender Teig
Geschmack: Milchgeschmack, nussartig, vermischt mit dem Aroma der Tannenholzrinde

Valdeón

Der Käse stammt aus dem Hochgebirge *Picos de Europa*. In diesem Bergen gibt es zahlreiche Höhlen natürlichen Ursprungs, die den Hirten immer als Zufluchtsorte dienten und in denen der Käse reifte. Es gibt Hinweise, dass der *Valdeón*-Käse schon in vorrömischer Zeit hergestellt wurde. Aufgrund der extremen Bedingungen des Hochgebirges wurden früher dort vorwiegend Ziegen gehalten und auch der *Valdeón*-Käse wurde aus Ziegenmilch oder aus einer Mischung aus Ziegen- und Schafs- bzw. Kuhmilch hergestellt. *Pascual Madoz* erwähnte in seinem Wörterbuch (1845–1859) die Käseproduktion und die Wichtigkeit der Ziegenviehwirtschaft im Tal von *Valdeón*. Über seine Grenzen hinaus wurde der Käse erst in den 50er Jahren bekannt, als sich Viehzüchter und Käser aus *Cordiñanes* im Valdeóntal niederließen und die erste handwerklich arbeitende Molkerei gründeten. Somit konnte sich eine gleichbleibende qualitativ hochwertige *Valdeón*-Käseproduktion entwickeln.

Käsename: Valdeón
gesprochen: waldeon
Herkunftsland: Spanien, Region Kastilien-León, Provinz León
Milch: Kuhmilch
Käsefamilie: Käse mit Innenschimmel
Fett i. Tr.: 48 %
Form: Flacher Zylinder mit 22 cm Ø, 10 cm Höhe, Gewicht ca. 2,5 kg
Reifezeit: 2 Monate
Aussehen: Außen umwickelt mit Platanenblättern, darunter feuchte, gelbgraue Schimmelrinde; innen cremefarben, von blaugrünen Schimmelausbuchtungen und Adern durchzogen
Geschmack: Kräftiger, ausgeprägter Pilzgeschmack, begleitet von der dezenten Gerbsäure der Platanenblätter

Valençay

Der Käse ist nach einer Stadt im Departement *Indre* benannt. Eine Legende besagt, dass der *Valençay* einst eine spitze Pyramidenform gehabt haben soll. Die Spitze verlor sie allerdings bei der Begegnung mit Napoleon. Jener war gerade nach der Niederlage gegen den ägyptischen Feldzug auf dem Heimweg, und als ihm im Schloss der besagten Stadt der Käse begegnete, schlug er ihm aus Wut die Spitze ab. Aus Respekt vor Napoleon soll man dies beibehalten und den Käse fortan ohne Spitze produziert haben.

Käsename: Valençay
gesprochen: waloñsä·i
Herkunftsland: Frankreich, Region Centre, Departement Indre
Milch: Ziegenmilch
Käsefamilie: Ziegenkäse
Fett i. Tr.: 45 %
Form: Pyramidenstumpf, am Boden 8 x 8 cm, oben 4,5 x 4,5 cm, Höhe 6 cm, Gewicht 200 g
Reifezeit: Keine bis 5 Wochen
Aussehen: Geaschte Oberfläche, die während der Reifung von einem graublauen Schimmel überwachsen wird; innen weißer, kompakter Teig
Geschmack: An frische Haselnüsse erinnernd, leicht erdiger Nachgeschmack

Die Regionen auf einen Blick

Frankreich

Region Nord-Pas-de-Calais
- Mimolette vieille

Region Picardie
- Cœur de Rollot
- Maroilles

Region Normandie
- Camembert
- Livarot
- Cœur de Neufchâtel
- Pont l'Évêque

Region Île-de-France
- Brie de Meaux
- Coulommiers
- Gratte-Paille
- Pierre Robert
- Fougerus

Region Champagne-Ardenne
- Chaource
- Langres

Region Elsaß
- Munster

Region Auvergne
- Bleu d'Auvergne
- Fourme d'Ambert
- Salers
- Saint-Nectaire
- Gaperon

Region Rhône-Alpes
- Beaufort
- Tomme de Savoie
- Reblochon fermier
- Chevrotin
- Banon
- Picodon
- Saint-Marcellin
- Tomme de Montagne

Region Centre
- Crottin de Chavignol
- Olivet
- Sainte-Maure
- Selles-sur-Cher
- Valençay
- Feuille de Dreux

Region Burgund
- Bouton de Culotte
- Charolais
- Epoisses
- Soumaintrain
- Brillat-Savarin

Region Franche-Comté
- Bleu de Gex
- Comté
- Morbier
- Vacherin du Haut-Doubs oder Mont d'Or

Region Poitou-Charentes
- Taupinière
- Chabichou
- Mothais

Region Aquitaine
- Brebis des Pyrénées
- Trappe Echourgnac

Region Midi-Pyrénées
- Roquefort
- Rocamadour
- Tomme de Chèvre
- Rouelle
- Pechegos
- Pérail

Region Korsika
- Brin d'Amour
- Le Fium 'Orbu

Italien

Region Kampanien
Mozzarella di bufala
Ricotta di bufala
Scamorza
Caciocavallo

Region Lombardei
Taleggio
Caprini de Capra

Region Piemont
Gorgonzola dolce
Rocchetta
Robiola
Toma

Region Aostatal
Fontina

Region Emilia Romagna
Parmigiano Reggiano

Region Toscana
Pecorino Toscano

Region Sardinien
Pecorino Sardo

Spanien

Region Kastilien-La-Mancha
Manchego

Insel Menorca
Mahón

Region Baskenland und Navara
Idiazábal

Region Extremadura
Ibores
La Serena

Region Kastilien-León
Valdeón

Insel Fuerteventura
Majorero

Schweiz

Kanton Appenzell
Appenzeller

Kanton Fribourg
Greyerzer
Vacherin Fribourgeois

Kanton Bern
Emmentaler
Sbrinz
Tête de Moine

Kanton Wallis
Raclette

Österreich

Region Kärnten
Gailtaler

Niederlande

Provinz Südholland
Gouda

Großbritannien

England
Stilton

Deutschland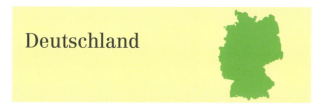

Bayern
Bergkäse
Leitzachtaler

Griechenland

ganz Griechenland
Feta

Belgien

Provinz Lüttich
Herve

Vom Umgang mit Käse

Um den Käse lange mit seinem vollen Aroma genießen zu können, sollte er auch zu Hause richtig gelagert werden. Wie man ihn aufbewahrt, wie man ihn fachgerecht schneidet und anrichtet, das wird im Folgenden beschrieben.

Käse und Wein waren schon immer hervorragende Belgeiter, aber auch andere Getränke harmonieren sehr gut – Sie können sich bei der Auswahl von passenden Getränken sehr gut an den regionalen Traditionen und Angeboten orientieren. Ein Pineaux zu Ziegenkäse etwa oder ein Sherry oder Portwein zu englischem Käse, das sind nur zwei klassische Beispiele.

Die Aufbewahrung von Käse

Weichkäse

Um zu wissen, wie man Käse sachgerecht aufbewahrt, muss man wissen, wie der Käse reift. Die Reifung bei den weicheren Käsen verläuft bei einer Temperatur von etwa 8–10 °C und hat ihren Höhepunkt erreicht, wenn der Teig nicht mehr kreidig, sondern cremig und geschmeidig ist.

Um den Reifegrad zu prüfen, nimmt man den Käse zwischen Daumen und Zeigefinger und drückt ihn. Der Widerstand muss bei reifem Käse am Rand und in der Mitte des Laibs gleich sein. Ist die optimale Reife erreicht, muss die Lagertemperatur deutlich unter die Reifetemperatur abgesenkt werden, damit die Reifung verlangsamt wird. Die ideale Temperatur für die Aufbewahrung liegt bei 4–6 °C über Null.

In diesem Temperaturbereich erfolgt der Eiweißabbau wesentlich langsamer, und der Käse ist somit länger haltbar. Bei einer höheren Temperatur würde das Eiweiß zu schnell abgebaut werden. Lagert man weicheren Käse bei Raumtemperatur, entsteht in der Rinde und später auch im Inneren Ammoniak. Der Käse riecht und schmeckt dann scharf.

Hartkäse

Hartkäse haben zwar eine höhere Reifetemperatur, ölen bei Zimmertemperatur aber aus. Das bedeutet, sie scheiden an der Oberfläche Fett aus. Das Milchfett hat einen sehr niedrigen Schmelzpunkt, da es zu einem hohen Anteil aus kurz- und mittelkettigen Fettsäuren aufgebaut ist. Dieses Fett kann, bei unsachgemäßer Lagerung, sehr leicht ranzig werden.

Das richtige Papier

Will man die Qualität des Käses erhalten, muss man ihn richtig einpacken und vor Feuchtigkeitsverlust schützen. Hierfür eignet sich besonders einseitig gewachstes Pergamentpapier. Es schützt einerseits vor allzu großem Feuchtigkeitsverlust, lässt aber andererseits die geringe Menge an Feuchtigkeit und Gasen, die von Weichkäse immer abgegeben wird, nach außen durch.

In Frischhaltefolie würde die Rinde von Weichkäse schmierig werden. Frischhaltefolie eignet sich nur zum Einpacken von Hartkäsen, die aber auch wie die Käse mit Innenschimmel in Alufolie aufbewahrt werden können.

Luftfeuchtigkeit

Aufgrund der erforderlichen niedrigen Lagertemperatur muss man Käse im Kühlschrank aufbewahren. Dies bringt ein weiteres Problem mit sich, nämlich die relativ niedrige Luftfeuchtigkeit in den normalen Haushaltskühlschränken. Sie würde Käse, trotz des Schutzes durch das Papier, schnell austrocknen lassen. Dadurch verliert der Käse sein Aroma, und unreifer Weichkäse kann nicht mehr ausreifen. Man muss also für eine zusätzliche Feuchtigkeitsquelle sorgen. Diese kann ein feuchtes, aber nicht nasses Tuch sein, in das der eingepackte Käse eingewickelt wird, und das alle zwölf Stunden wieder angefeuchtet werden muss.

Einfacher ist es, den Käse in eine luftdichte Plastikdose zu legen. Die aus dem Käse austretende Feuchtigkeit sammelt sich dann als Kondenswasser am Deckel der Dose und schützt den Käse durch seine eigene Feuchtigkeit vor dem Vertrocknen. Auch in der Dose sollte der Käse eingewickelt sein, damit er vor dem vom Deckel tropfenden Kondenswasser geschützt ist. Die Dose bietet außerdem einen Geruchsschutz.

Ausnahmen der Aufbewahrung

Ziegenkäse stellt bezüglich der Aufbewahrung eine Ausnahme dar. Wie schon im Kapitel »Der Käse aus Ziegenmilch« (Seite 24) erwähnt, reifen einige Ziegenkäse in der Trocknung.

Werden Ziegenkäse frisch eingekauft, also mit hohem Wassergehalt, müssen sie anfangs wechselweise aufbewahrt werden, das heißt auch einmal außerhalb der Dose.

Man muss darauf achten, dass keine stark riechenden Lebensmittel gleichzeitig im Kühlschrank aufbewahrt werden, da Käse als Milchprodukt leicht Gerüche anderer Lebensmittel annimmt.

Die modernen Kühlschränke bestehen aus mehreren Zonen, die eine getrennte Aufbewahrung ermöglichen.

Schimmel auf Käse

Werden mehrere Käsesorten über längere Zeit zusammen aufbewahrt, kann sich bei den festeren Käsen leicht Schimmel bilden. Diese hellen und blauen Schimmel sind völlig ungefährlich. Sie werden von anderen Käsen (meist schon in der Käsetheke) übertragen und könnten mitgegessen werden.

Toxische Schimmel brauchen zum Wachsen Stärke in Form von Kohlehydraten, die sie in Käse generell nicht finden. Da die Käseschimmel leicht säureabbauend sind, schmeckt der Käse an dieser Stelle dann etwas anders. Daher empfiehlt es sich, den Schimmel dort abzuschneiden, wo man den Käse gerade isst und ihn an den übrigen Stellen zu belassen, weil der Schimmel immer wieder kommt, sofern er nicht vertrocknet ist.

Da der Schimmel nicht in den festen Teig eindringen kann, genügt es, ihn dünn abzuschneiden.

Wann, wie und mit was man den Käse isst

Von damals und heute

Käse und Molkenkäse wurde früher vorwiegend entrahmt von Bauern für den Eigenbedarf hergestellt. Sie haben ihn kalt, als Zwischenmahlzeit oder auch als Raclette oder Fondue gegessen. Im Bürgertum hatte dann der vollfette Käse seinen Platz in der Menüfolge bei besonderen Anlässen. Der Gastro-Philosoph *Brillat-Savarin*, der geistvolle Theorien über die Tafelfreuden aufstellte, hat den Käse als unabdingbaren Genuss aufgewertet.

geschmacklich das vorausgegangene Fleischgericht und schafft gleichzeitig den notwendigen Übergang zu Süßem. Diese Reihenfolge blieb bis heute erhalten.

Durch die Entdeckung und Nutzung der Bakterien Mitte des 19. Jahrhunderts konnte man den Käse gezielter herstellen. Die Produktpalette wurde im Laufe der Zeit erweitert. Heute gibt es so viele Geschmacksvariationen, dass Käse wiederum für sich ein Menü darstellen kann.

Eine ausgewogene Käseplatte sollte je nach Saison verschiedene Geschmacksvariationen und Konsistenzen bieten. Dazu kann man aus jeder Käsefamilie ein bis zwei Sorten wählen.

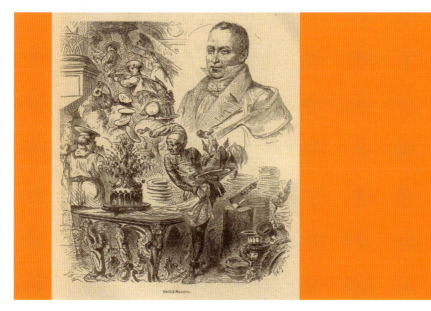

1922 gründete *Maurice-Edmond Sailland*, der als Literat und Gastro-Journalist unter dem Pseudonym »*Curnonsky*« tätig war, die »Akademie der Physiologen des Geschmacks«. Dort wurde die genaue Reihenfolge des Menüs festgelegt. Auch der Käse erhielt nun einen festen Platz innerhalb des Menüs, denn er verstärkt

Es ist auch möglich, aus einer Familie verschiedene Sorten und Formen zusammenzustellen oder eine Sorte in verschiedenen Reifegraden zu präsentieren. Eine Bereicherung kann auch eine hauseigene Käsezubereitung sein.

Zu Präsentation bieten sich Holzbretter, Weidenkörbe oder Marmorplatten an, in der

Gastronomie Käsewagen, auch mit eingebauter Kühlung, damit sich der Käse nicht zu stark erwärmt. Der Käse sollte in seiner natürlichen Form, das heißt ausgepackt, dargeboten werden. Das Etikettieren kann für den Gast oft sehr hilfreich sein.

Der optimale Käsegenuss erfordert drei Voraussetzungen:

1. Den richtigen Reifegrad.
2. Die richtige Temperatur beim Verzehr: Das heißt, der Käse sollte etwa 45 Minuten vor dem Verzehr aus dem Kühlschrank genommen werden, damit er sein Aroma voll entfalten kann. Das ist bei ca. 16–18 °C der Fall.
3. Die richtige Reihenfolge des Verzehrs: Man beginnt mit den frischen, säurebetonten Käsen aus Kuh-, Schaf- und Ziegenmilch. Es folgen die Käse mit dezenterem Geschmack aus der Familie mit gepresstem Teig und mit nachgewärmtem und gepresstem Teig aus Kuh- und Schafmilch, anschließend die leicht fruchtigen Weichkäse mit Außenschimmel, nun die Ziegenkäse in gereiftem Zustand, danach die sehr fruchtigen Käse mit gewaschener Rinde. Zum Abschluß isst man die pikanten Käse mit Innenschimmel. Die besonders festen und ausgeprägten Käse kann man entweder zum Aperitif oder nach Käse mit Innenschimmel essen.

Anrichten und Verzehr

Hat man die Käse nun nach den verschiedenen Möglichkeiten ausgewählt, werden sie nach ihrer Verzehrfolge im Uhrzeigersinn auf dem Teller angerichtet.

Häufig stellt sich die Frage, ob der Käse mit oder ohne Rinde verzehrt werden soll. Auch wenn diese Frage hier nicht allgemeingültig beantwortet werden kann und der Verzehr der Rinde dem Geschmack des Einzelnen überlassen bleibt, so sollen doch einige Bemerkungen zur Rinde gemacht werden: Die Rinde von Traditionskäse ist immer essbar, allerdings können sich in der Rinde Gär- und Bitterstoffe sammeln, die der Käse während der Reifung abgibt. Außerdem kann die Rinde durch die Behandlung beeinflusst werden. Durch das Waschen wird sie oft sandig oder weist manchmal einen alkalischen Geschmack auf.

Bei Ziegenkäse kann die Rinde durch Schimmel oder Wärmeeinwirkung einen seifigen Geschmack annehmen. So kann es sein, dass beim Verzehr des Käses mit der Rinde der eigentliche sortentypische Käsegeschmack verändert wird.

Ob zum Käse Butter gereicht werden soll oder nicht, hängt vom persönlichen Geschmack ab. Bei Schaf- und Ziegenkäse sollte man jedoch beachten, dass sich deren Fettaufbau von dem der Kuhmilch unterscheidet. Es kann daher bei manchen Käsesorten zu Disharmonien kommen.

Zum Käse können Brot und Pellkartoffeln gereicht werden. Beim Brot sollte man darauf achten, dass es den Geschmack des Käses unterstützt, indem es einen Gegensatz zum Käse bildet. Bei säurebetonten Käsen reicht man mildes Brot wie Baguette. Zu Käse mit leicht alkalischem Teig wie Weichkäse mit Außenschimmel passt sehr gut Mischbrot oder Walnussbrot. Zu Käse mit stark alkalischem Teig wie Käse mit gewaschener Rinde sollte man Vollkornbrot wählen, für die festen Käse und Käse mit Innenschimmel Roggenbrot.

Bei aromareichen Käsen lässt sich durch Beigabe von Früchten und Nüssen in der Regel nicht immer eine Geschmacksbereicherung erzielen. Besser passt dazu ein Blattsalat mit leicht säuerlichem Dressing, wie es in Frankreich oft üblich ist, oder die Senffrüchte, Feigen etwa, wie es oft in Italien serviert wird.

Käse in der Ernährung

Der menschliche Körper braucht zum Wachstum und für die Erhaltung in erster Linie Eiweiß. Eiweiß – auch Protein genannt – setzt sich aus verschiedenen Aminosäuren zusammen. Je nach deren Zusammensetzung erhält man unterschiedliche Eiweißtypen.

In der Ernährung differenziert man zwischen tierischen und pflanzlichen Proteinen. Von allen uns bekannten tierischen Eiweißarten ist das Milcheiweiß in Form von Käse, insbesondere von Schaf- und Ziegenkäse, am leichtesten zu verdauen. Es enthält auch alle essenziellen Aminosäuren, die der Körper nicht selbst bilden kann. Die leichte Verdaulichkeit beruht darauf, dass ein Teil des Proteins durch eine mikrobielle Tätigkeit (die Käsereifung) in Aminosäuren aufgeschlossen worden ist.

Ein anderer wichtiger Bestandteil ist Fett. Auch hier unterscheidet man wieder zwischen tierischen und pflanzlichen Fetten. So wie das Eiweiß ist auch das Milchfett in Form von Käse, besonders Schaf- und Ziegenkäse, das was wir am leichtesten verdauen. Fett liefert zwei Begleitstoffe: Cholesterin und Lecithin. Letzteres bremst die Cholesterinaufnahme im Körper.

Um die genaue absolute Fettmenge zu ermitteln die man mit Käse zu sich nimmt, multipliziert man die Fettangabe in der Trockenmasse (Fett i. Tr.) mit:
- 0,7 für Hartkäse,
- 0,5 für Weichkäse,
- 0,3 für Frischkäse.

Aufgrund der günstigen Zusammensetzung von Käse findet man viele Vitamine und Mineralstoffe. Einen kleinen Überblick über die wertvollen Inhaltsstoffe im Käse gibt die unten stehende Tabelle.

Eiweiß und Mineralstoffe reduzieren Säuren im Speichel und beugen so Karies vor.

Bemerkenswert ist auch der natürliche hohe Anteil an Calcium, der schon beim Verzehr von 100 Gramm Hartkäse 100 % unseres Tagesbedarfs deckt. Folglich kann Käse zu einem wesentlichen Bestandteil der Ernährung werden.

Um eine ausgeglichene Ernährung zu erreichen, sollte man wegen der Ballaststoffe aber auch pflanzliches Eiweiß in Form von Salaten, Gemüsen und Früchten zu sich nehmen.

Käse enthält in der Regel keinerlei Kohlenhydrate.

Lecithin	Aufbau von Nervengewebe
Aminosäuren	Bildung der Langzeitgedächnis-Moleküle
Essenzielle Aminosäuren	Aufwertung des pflanzlichen Eiweißes
Asparaginsäure und Glutaminsäure	Förderung der Magensaftsekretion
Protein	Aufbau von Enzymen und Hormonen
Calcium	Knochenaufbau, Gewebe und Organe
Folsäure	Unterstützung des Wachstums- und Entwicklungsprozesses

Getränke zu Käse

Vom edlen Champagner zum süffigen Bier

Zu extrem salzhaltigen Käsen passt am besten Bier. Aber auch andere alkoholische Getränke können zum Käse getrunken werden, etwa Champagner, Cidre, Sherry, Portwein, Pineaux de Charantes, Pommeaux oder Schnäpse.

Dabei ist zu beachten, dass nicht jedes dieser Getränke zu jedem Käse passt. So passen Champagner und Pineaux de Charantes sehr gut zu Ziegenkäsen und Frischkäsen, Cidre und Pommeaux zu Käsen mit gewaschener Rinde oder erhöhtem Rotschmierkulturanteil, Portwein und Sherry (beides nicht zu trocken) zu sehr alten Käsen sowie nicht zu salzigen Käsen mit Innenschimmel. Schnaps wird nach warmen Käsegerichten wie Fondue getrunken, man kann ihn auch zu den aromareichen festen Käsen probieren.

Auch alkoholfreie Getränke passen zum Käse. Allerdings sollte man darauf achten, dass diese nicht stark gezuckert sind wie etwa Cola oder Limonade.

Wasser und Milch hingegen können zu Käse getrunken werden, ebenso Tee, der beispielsweise zum Raclette passt. Dieser sollte allerdings nicht oder nur ganz schwach aromatisiert sein, damit er das Aroma des Käses nicht überdeckt.

Zusammenfassend sei gesagt, dass man zu diesem Thema nur Ratschläge und Empfehlungen geben kann. Letzten Endes entscheidet immer der individuelle Geschmack des Einzelnen, was zum Käse getrunken wird. Am ehesten kann man seinen Geschmack schulen, wenn man viel probiert und bewusst beobachtet, was einem am besten zusagt.

Käse und Wein

Autor: Robert Haller

Weingut Fürst Löwenstein
Kreuzwertheim/Main
Hallgarten/Rheingau

»Es müssen viele Faktoren zusammentreffen, um einen großen Wein entstehen zu lassen. Die bedeutendsten sind aber excellente Standorte und leidenschaftliche Winzer...«

Der »Virus Wein«

Wein umgibt eine Mystik wie kaum ein anderes Genussmittel. Die Vielfalt ist so enorm groß, wie es verschiedene Ansichten über Qualität oder Trinkanlässe gibt. So will ich an dieser Stelle den Versuch starten, meine ganz persönliche Philosophie darzustellen, mit der Überzeugung, dass es eine objektive Qualität gibt, der ich weitestgehend folgen möchte.

In allen Weinbauregionen der Welt gibt es gute Weine. In erster Linie gilt der Grundsatz: Wein muss schmecken und Spaß machen. Beschäftigt man sich jedoch eingehender mit Wein, wird man erkennen, dass man eine gewisse Entwicklung durchläuft. Es gibt so genannte Einsteigerweine, die schnell zugänglich sind und auch weniger geübten Weintrinkern gefallen. Wird man jedoch vom »Virus Wein« erfasst, findet man immer mehr Gefallen an eigenwilligeren Weinen; solchen, die Besonderheiten aufweisen, Ecken und Kanten, ja, die Weinpersönlichkeiten sind. Diese Weine erzählen eine Geschichte, sie sind variantenreich, vielfältig und spannend – nicht sättigend, sie verlangen nach mehr. Wenn Sie auf solche Weine stoßen, fällt es Ihnen wie Schuppen von den Augen, so mancher bekommt vor Ehrfurcht eine Gänsehaut. Dann haben Sie Ihre persönliche Qualität gefunden.

Dies sind für mich meist authentische Weine aus klassischen Anbaugebieten der »Alten Welt«. Hier in Europa findet man eine Fülle an wertvollen Weinen, die von der »Neuen Welt« in diesem Ausmaß nicht erreicht wird. Deutschland sehe ich als kleine, feine Weinbaunation, die in den letzten Jahren mit Rieslingen, Burgundern, Silvanern und anderen autochthonen Rebsorten wieder an die Weltspitze zurückgekehrt ist.

Einen Wein erfahren...

Geschmacks- und Geruchssinn spielen beim Probieren eines Weines die wesentliche Rolle. Zwar genießt man Wein mit allen Sinnen, Sie werden mir aber Recht geben, dass das Gehör eine kleine Rolle spielt. Oder, dass der erste prüfende Blick der Farbe und Klarheit gilt, aber der wesentliche Eindruck von Mund und Nase erfasst wird.

Hierbei spielt die Nase eine weit unterschätzte Rolle. Aktuell hat der Nobelpreis für Medizin im letzten Jahr auf die Wichtigkeit des Geruchsinns aufmerksam gemacht. So sind 10% der Gene für den Geruchssinn zuständig. Jeder Geruch hinterlässt eine Art Muster im Gehirn, gerade der Geruchssinn findet Zugang zum ältesten Teil unseres Gehirns, dem Stammhirn. Deshalb bleiben Gerüche länger in unserer Erinnerung als alle anderen Sinneswahrnehmungen. Mit der Zunge nehmen wir lediglich süß, sauer, bitter, salzig und umani *(japanisch: Wohlgeschmack)* wahr. Einen Großteil dessen, was wir mit Geschmack bezeichnen, nehmen wir ebenfalls mit

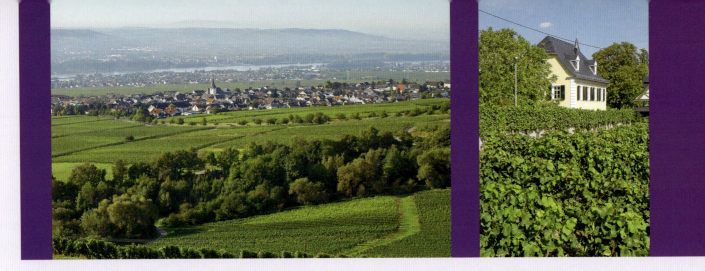

dem Geruchsinn wahr. Sobald ein Schluck Wein in den Mundraum gelangt, reichert sich die Luft im Rachenraum mit den flüchtigen Stoffen an und gelangt retronasal an die Schleimhäute der Nase. Dies ist der eigentliche Grund, weshalb man während einer Erkältung schlecht »schmeckt«.

Nehmen Sie doch mal ein Stück Käse in den Mund und kauen es leicht. Zusätzlich nehmen Sie einen Schluck Wein – der Käse soll umspült und durchmengt werden. Wie beschrieben reichert sich die Luft im Mundraum mit den gasförmigen Stoffen an – erst jetzt schmeckt man die Kombination. Die Aufgabe, die Käse und Wein erfüllen sollten, ist, sich gegenseitig zu unterstützen und nicht einander zu übertreffen.

Das Thema Käse und Wein verbindet eine jahrtausendalte Geschichte. Einfache Regeln bei der Herstellung gelten für beide Kulturgüter: Gerinnung, Formen, Abtropfen, Pressen, Salzen, Trocknen und Reifen beim Käse – Pressen, Vergären, Klären und Reifen beim Wein. So einfach die Grundzüge der Herstellung sind, so vielschichtig sind die Produkte. In den letzten Jahrzehnten hat sich durch die starke Industrialisierung eine Massenproduktion entwickelt, die auch zu einer Uniformität des Geschmacks geführt hat. Meine Ausführungen beziehen sich auf die handwerklich, ja vielleicht sogar »kunsthandwerklich« hergestellten Weine.

»Kinder ihrer Lanschaft«

Wein ist – wie kaum ein anderes Produkt – ein »Kind seiner Landschaft«. Nicht nur die Vielzahl der Rebsorten unterscheidet den Wein im Glase, sondern eine Reihe wichtiger Faktoren, wie die Auswahl der Rebe für den jeweiligen Standort, der Wasserhaushalt und die Steilheit der Lage, die Höhe über dem Meeresspiegel und vor allem die Bodenart oder das Ausgangsgestein.

Hinzu kommen weitere Einflussfaktoren, die die Qualität des Weines bestimmen: Die »Hand des Winzers«, der Ausbaustil im Keller, und neben allem handwerklichen Können auch ein Stück Magie, ein unbekannter Faktor also – alles zusammen macht aus jedem Wein ein Unikat. Dabei gilt immer, dass die Qualität des Weines im Weinberg entsteht und während des Ausbaus nur noch im Stil verändert werden kann. Die Summe der Standortfaktoren wird als »Terroir« bezeichnet. Hier haben wir ein weiteres Bindeglied zwischen Käse und Wein, denn auch beim Käse entscheidet etwa die Kräuterzusammensetzung einer bestimmten Höhenlage der Sommerweide über den Geschmack der Milch und letztendlich über den Geschmack des Käses.

Zwei, die zusammen gehören

Zu Beginn meiner Ausführungen über die Kombination von Käse und Wein lassen Sie mich zuerst mit einem Vorurteil aufräumen: Rotwein ist nicht der beste Begleiter zu Käse.

Und Wein und Käse richtig zu kombinieren, ist keineswegs einfach! Mehrere Weine zu einem Käse zu trinken geht problemlos, einen Wein zu unterschiedlichen Käsen zu finden ist dagegen sehr schwierig. Daher fasst man Käse in Gruppen zusammen. Generell gilt, dass salzige Käse mit den Tanninen kräftiger Rotweine kollidieren und bei der Auswahl von Weißweinen stark auf den Gehalt der Säure geachtet werden muß.

Frisch-, Ziegen- und Schafskäse: Hierzu passen ganz exzellent junge frische trockene Weißweine.

Beispiele: Brillat Savarin, Selles-sur-Cher, Fromages de Brebis des Pyrénées – dazu jungen Riesling, Sauvignon Blanc oder Scheurebe.

Käse mit gewaschener Rinde und Außenschimmel: Sie harmonieren mit kräftigen Rotweinen und großen trockenen Weißweinen.

Beispiele: Gratte-Paille, Camembert, Livarot, Munster – dazu trockene Silvaner Spätlesen, Weißburgunder und kräftige Spätburgunder.

Hartkäse – Käse mit gepresstem und nachgewärmtem und gepresstem Teig: Dazu passen vor allem fruchtige, nicht zu kräftige Rotweine oder würzige reife Weißweine.

Beispiele: Morbier, Tomme de Montagne, Comté, Beaufort – dazu ein reifer Riesling oder auch passende Rotweincuvées.

Käse mit Innenschimmel: Sie lassen sich hervorragend kombinieren mit edelsüßen Weinen, Portweinen mit großer Süße und Frucht.

Etwa: Gorgonzola dolce, Fourme d'Ambert, Roquefort, Stilton – dazu große edelsüße Auslesen, Rheingauer Trockenbeerenauslesen, Eiswein, Aszuweine aus Tokaj oder Port.

Leidenschaftliche Winzer brauchen ebenso leidenschaftliche Verbraucher

Zum Schluss möchte ich noch einmal auf die eingangs erwähnte »objektive Qualität«, von der ich so überzeugt bin, eingehen: Um an dieser Qualität zu arbeiten, braucht es Überzeugungstäter und Allianzen. Um den wahren, unverfälschten, authentischen Geschmack zu erreichen, hilft kein noch so gut gemeintes »Jedem das Seine« von Cicero. Für engagiert arbeitende Hersteller, die sich qualitätsbewusster, aufgeklärter Verbraucher, für die die »Segnungen« der modernen Convinience-Produkte kein Thema ist, sicher sein können, gilt da wohl eher ein Aphorismus von Marie von Ebner-Eschenbach: »Man muss das Gute tun, damit es in der Welt sei.«

Das richtige Schneiden der Käse

Die sehr unterschiedlichen Formen der Käselaibe erfordern ganz verschiedene Schnitttechniken, um in allen Stücken einen gleichmäßigen Anteil von Rinde und Käse zu erreichen.

Dies ist wichtig, da die Käse von außen nach innen reifen (außer die Blauschimmelkäse, bei dieser Käseart ist es umgekehrt) und innen anders schmecken als an den Rändern. Um also den vollen Geschmack eines Käses zu genießen, sollte man ihn dementsprechend schneiden.

Ferner sehen gut geschnittene Käsestücke nicht nur appetitlicher aus, sondern sie lassen sich auch wesentlich leichter pflegen.

Mit der richtigen Schnitttechnik und dem passenden Schneidewerkzeug ist das fachmännische Aufteilen der Laibe kein Problem.

Bei den Schneidewerkzeugen ist zu beachten, dass sie den Käse nicht zerdrücken und die Schnittfläche nicht verletzen sollten. So kann ein Fachmann unter anderem an der Struktur der Schnittfläche und an der Lochung die Qualität der Käse erkennen.

Es sind folgende Punkte zu beachten:

- Das Messer sollte immer länger als der Käse sein, damit man es mit beiden Händen halten kann, um die benötigte Kraft gleichmäßig verteilen zu können.

- Der Messerknauf muss immer höher als die Klinge liegen, damit man es mit der Hand sicher führen kann.

- Bei Weichkäsemessern dürfen die keine Lochung oder sonstige Freiräume in der Klinge sein, da der Käse dort wieder zusammenkleben und das Messer sich nur schwer entfernen lassen würde.

- Die Messer benötigen eine glatte, gerade Klinge, damit der Käse beim Schneiden nicht zu sehr gequetscht wird.

- Ziegenkäse, Blauschimmelkäse und Weichkäse mit erhöhtem Fettgehalt schneidet man am besten mit einem feststehenden Draht, da dieser am wenigsten Widerstand bietet und der Käse damit seine Form behält.

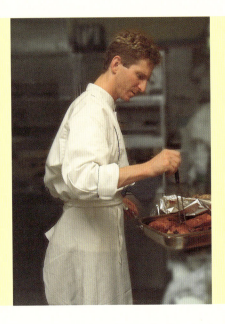

Restaurant ViCulinaris
Johann Mikschy

im Hotel Kolbergarten, Bad Tölz

Die Gerichte auf den folgenden Seiten wurden von Susanne Hofmann entwickelt und mit Hilfe von Johann Mikschy verfeinert und gekocht – dafür einen herzlichen Dank.
Jedes Gericht funktioniert garantiert und schmeckt hervorragend – davon konnten wir uns überzeugen!

Mit Johann Mikschy konnten wir einen erfahrenen, innovativen Küchenchef gewinnen, der schon für viele renommierte Häuser gekocht hat.

Seit Beginn des Jahres 2001 hat er im Hotel Kolbergarten in Bad Tölz sein eigenes Restaurant und kann hier endlich seine eigenen Ideen umsetzten.

Es ist die internationale Küche, die er in den renommierten Häusern gekocht hat, der er allerdings seine eigene Handschrift verleiht: jung und ideenreich. Und den regionalen Bezug schmeckt man ganz direkt, weil er am liebsten frische Ware, direkt vom Bauern um die Ecke kauft und direkt verarbeitet.

Stationen

- Restaurant Hillinger, Wien; *Commis de cuisine, Commis de range*

- Schlossrestaurant Solitude, Stuttgart; *Commis paissier, Commis saucier, Demichef saucier*

- Restaurant Königstein, Königstein/Taunus; *Demichef saucier*

- Restaurant Garden, Bayrischer Hof, München; *Demichef gardemanger*

- Residenz Heinz Winkler, Aschau am Chiemsee; *Chef gardemanger, Chef saucier*

- Grand Hotel Maritim, Berlin-Mitte; *Sous-chef*

- Restaurant Bamberger Reiter, Berlin-Schöneberg; *Sous-chef*

- Restaurant Glienicke Remise, Berlin-Wannsee; *Küchenchef*

- Hotel Adlon, Berlin; *Sous-chef*

- Hotel Schneider Almhof, Lech am Arlberg; *Chef de gardes*

- Golfhotel Balmer See, Insel Usedom; *Küchenchef*

- Käfer's Dachgarten im Reichstag, Berlin; *Küchenchef*

- ViCulinaris, Bad Tölz; *Betreiber und Küchenchef*

Das Domizil von Johann Mikschy ist ein hinreißendes Hotel, gebaut 1906, ein Jugendstilhaus mit einem herrlichen Biergarten, umgeben von alten Bäumen.

Auch drinnen fühlt man sich rundum wohl. Dunkles Eichenparkett, hohe Sprossenfenster, die das warme Sonnenlicht angenehm dämpfen. Auf allen Tischen stehen Kerzen und Blumenschmuck – historische Freilandrosen oder Blumenkränze auf Silberleuchtern.

Das Ambiente ist gediegen und einladend – so wie das ganze Hotel.

Wenn Sie also in der Nähe von Bad Tölz unterwegs sind, ein Abstecher lohnt sich!

*Restaurant ViCulinaris im Hotel Kolbergarten,
Fröhlichgasse 5, 83646 Bad Tölz
Telefon: (08041) 79 28 89 1
Telefax: (08041) 79 28 89 2
Öffnungszeiten sind Dienstag bis Samstag ab 18:30 Uhr, Sonntag und Montag Ruhetag*

Appetithäppchen vom Sainte-Maure auf Salatbeet

Den Lauch waschen und so schneiden, dass ein Drittel des Grüns erhalten bleibt. Dann in zwei lange Streifen halbieren und diese vierteln. Den Saint-Maure in vier gleiche Teile portionieren.

In einem großen Kochtopf zwei Liter Salzwasser zum Kochen bringen und den Lauch darin 2–3 Minuten blanchieren. Anschließend sofort in Eiswasser tauchen.

Den Ofen auf 240 °C vorheizen. Jedes Stück Saint-Maure mit einem Lauchstreifen umwickeln, dabei mit dem grünen Teil beginnen. Mit einem Bastband fixieren und 8 Minuten im Ofen backen.

Für die Vinaigrette Essig, eine Messerspitze Salz, Pfeffer und Senf sowie die gewürfelte Charlotte verrühren. Olivenöl langsam zugeben, ohne die Rührrichtung zu ändern.

Den Käse aus dem Ofen nehmen, die Salatblätter auf den Tellern anrichten, je ein Sainte-Maure-Häppchen auflegen, mit der Vinaigrette beträufeln und mit ein wenig Szechnan Pfeffer bestreuen.

250 g Sainte-Maure
2 kleine Lauchstangen
1 Teelöffel Senf
1 geschälte Charlotte
3 Esslöffel Sherry-Essig
Salz
frischer Pfeffer aus der Mühle und etwas Szechnan Pfeffer
Frisée, Rucola und Radiccio Salatblätter
Bastband

Käsesuppe

Eine Zwiebel in Scheiben schneiden und in Rapsöl leicht braun rösten, in ein Sieb geben und abtropfen lassen.

Die zweite Zwiebel in kleine Würfel schneiden und in einem Topf mit Butter anschwitzen. Mit der Brühe aufgießen.

Sobald die Brühe kocht den geriebenen Käse dazugeben und unter Rühren auflösen. Anschließend die Sahne unterrühren, nur noch kurz köcheln lassen und mit Salz, Pfeffer und Muskat abschmecken.

Die Suppe durch ein feines Sieb passieren und in einen Aufschäumer füllen, diesen gut verschließen, einmal durchschütteln und die Suppe in vorgewärmte Teller oder Terrinen füllen. Durch den Aufschäumer wird die Suppe luftig und leicht.

25 g Butter
500 ml Gemüsebrühe
100 g Comté
100 g Gruyère
250 ml Sahne
2 geschälte Zwiebeln
1 Glas Weißwein (trockener Riesling)
frischer Pfeffer aus der Mühle
Rapsöl, Salz, Muskat
Kerbelblätter

Tipp: Reste der Suppe abkühlen lassen und am nächsten Tag als Käsemus servieren!

Gebackener Mozzarella di buffala auf Kartoffelsalat

600 g Mozzarella di buffala
200 g gekochten Hinterschinken in Scheiben
1 Teller Semmelbrösel
1 Teller Mehl
4 Eier
Salz
frischer Pfeffer aus der Mühle
800 g Kartoffeln der Sorten *Linda Bioland*, *Nicola* oder *Bamberger Hörnchen*
Essig, Öl, Wasser und eine Prise Zucker
Balsamikumblätter
Balsamjus
eine rote Zwiebel

Den Mozzarella in 1 cm dicke Scheiben schneiden, auf Küchenpapier legen und damit auch abdecken, damit die austretende überschüssige Molke aufgesogen wird.

Anschließend jede Scheibe mit etwas Salz und Pfeffer würzen und sparsam mit Schinken umwickeln.

Die Eier aufschlagen und mit der Gabel verquirlen.

Jede Scheibe zuerst in Mehl, dann in Ei und schließlich in den Semmelbröseln wenden. Diesen Vorgang noch einmal wiederholen, bis sich eine feste Kruste bildet.

Damit der Mozzarella beim Backen nicht zu schnell austritt, verwenden Sie Öl und Butter zu gleichen Teilen gemischt.

Die Kartoffeln für den Salat kochen und in Stücke schneiden. Dressing aus Essig, Öl, Wasser und einer Prise Zucker anrühren und mit Salz und Pfeffer abschmecken.

Zum Anrichten die Kartoffeln mit dem Dressing und der klein geschnittenen roten Zwiebel in einer Schüssel anmachen und auf die Teller geben.

Einen gebackenen Mozzarella diagonal schneiden und auf den Kartoffelsalat legen. Mit Streifen der Balsamikumblätter und mit dem Balsamjus dekorieren.

Terrine mit Ziegenkäse und Aprikosen-Chutney

5 Crotins de Chavignol à 60 g
100 g geriebenen Beaufort
10 dünne Scheiben gekochten Schinken
3 Eier
50 g Crème fraîche
1 Tasse gehackte Petersilie,
Schnittlauch, Kerbel und Estragon
2 Esslöffel Olivenöl
1 Esslöffel Nussöl
1 EL Balsamicoessig
1 TL Senf
Salz und Pfeffer aus der Mühle
4 Steinpilze
eine Knoblauchzehe
Aprikosen-Chutney

Eine Terrine oder Kuchenform mit Butter ausreiben. Mit den Schinkenscheiben so auslegen, dass sie leicht überlappen, aber nicht über den Rand ragen. Einige Scheiben zurückbehalten.

Ziegenkäse und Beaufort reiben, Crème fraîche und Kräuter dazugeben, gut vermischen.

Eigelb zur Mischung dazugeben. Eiweiß und eine Prise Salz steif schlagen. Vorsichtig unterheben.

Den Ofen auf 180 °C vorheizen. Die Mischung in die Form geben und mit den zurückbehaltenen Schinkenscheiben bedecken. 40 Minuten im Wasserbad kochen lassen. Abkühlen lassen, dann in lange Streifen schneiden.

Vinaigrette: Balsamico, eine Prise Salz und Pfeffer, Senf, Olivenöl und Walnussöl vermischen. Mit Salz und Pfeffer abschmecken.

Die gehackten Kräuter als Beet auf den Teller geben und 2–3 Scheiben der Terrine darauf legen, dazu nach Wunsch Aprikosen-Chutney.

Tipp: Aprikosen-Chutney kann einfach selbst hergestellt werden. Drei gewaschene und entsteinte Aprikosen in einem Topf mit 2 Esslöffel weißem Balsamico, einem Teelöffel scharfem Senf (oder einer Messerspitze englischem Senfpulver), einer kleinen gehackten Zwiebeln und einer Prise Zucker aufkochen.

Auberginen-Morbier-Röllchen auf Kirschtomaten

Die Auberginen in 12 Scheiben zu etwa sechs Millimeter schneiden. Mit Olivenöl bepinseln und mit Salz und Pfeffer würzen.

Auf ein Blech legen und unter dem Grill bräunen. Wenden, die Unterseite ebenfalls mit Olivenöl, Salz und Pfeffer würzen und bräunen.

Den Morbier entrinden und den Käse der Länge nach halbieren.

Je eine Hälfte des Käses auf eine Scheibe der Aubergine legen und zusammenrollen.

Anschließend werden die Röllchen in heißem Olivenöl gebraten.

8 Kirschtomaten kurz in heißes Wasser tauchen und die Haut von unten zum Stiel hin aufziehen und eindrehen. Im vorgeheizten Ofen bei 180 °C für 2–3 Minuten trocknen.

Die restlichen Kirschtomaten achteln und kurz in Olivenöl mit Salz und Pfeffer anbraten.

Zum Anrichten die angebratenen Tomaten auf einem länglichen Teller in der Mitte verteilen.

Je Teller drei Auberginen-Mobier-Röllchen auf das Kirschtomatenbeet auflegen und je eine gehäutete Kirschtomate zwischen die Röllchen dekorieren, mit Basilikumöl ausgarnieren.

2 Auberginen
6 Scheiben Morbier
Olivenöl
Salz
frischer Pfeffer aus der Mühle
20 Kirschtomaten
Basilikumöl

Munster-Quiche mit Rahmkraut

Eine Kuchenform buttern, mehlieren und mit Blätterteig auslegen.

Butter im Topf erhitzen, das Mehl dazugeben und so lange anschwitzen, bis keine großen Blasen mehr aufsteigen. Nun die Milch dazugeben und unter ständigem Rühren zum Kochen bringen.

Den Munster in kleinen Stücken einrühren, bis er geschmolzen ist. Sobald die Masse etwas abgekühlt ist, die Eier und den Kirschschnaps unterrühren, anschließend mit Salz, Pfeffer und Muskat nach Bedarf abschmecken.

Die Munstercreme in die mit Blätterteig ausgelegte Kuchenform füllen und mit den halben Walnüssen verzieren.

Den Backofen auf 180 °C erhitzen und die Quiche darin etwa 40 Minuten backen. Hat sie oben die gewünschte Farbe erreicht, muss die Temperatur auf 150 °C herabgesetzt werden.

Das Sauerkraut kochen, die Crème fraîche kurz vor dem Anrichten zugeben und mit Salz und weißem Essig abschmecken.

Zum Anrichten eine Ecke der Quiche auf den Teller legen und das Rahmkraut in Nockenform dazugeben, mit den Walnusssplittern und den Kerbelblättern ausdekorieren.

Tipp: Man kann die Quiche zusätzlich auf Weinblättern anrichten und zusammen mit einem frischen Federweißen oder fruchtigen Weißwein servieren!

80 g Butter
80 g Mehl
500 ml Milch
400 g Munster
3 Eier
2 cl Kirschschnaps
12 halbe Walnüsse
2–3 Esslöffel Walnusssplitter
Kerbelblätter
Blätterteig für eine Kuchenform
250 g mildes Sauerkraut
2 EL Crème fraîche

Comté-Rettich-Terrine mit Apfelstreifen

150 g Comté in dünnen Scheiben
350 g Robiola (Frischkäse)
125 g Butter
30 g Meerrettich
10 g Estragon
10 g Schnittlauch
Salz
weißer Pfeffer
Öl
Frischhaltefolie
1 Apfel (Elster)
Begonienblüten

Den Estragon fein hacken und den Schnittlauch in dünne Röllchen schneiden.

Anschließend die Butter in einem Topf zum Schmelzen bringen und den Robiola unterrühren. Meerrettich, Estragon und Schnittlauch beigeben und mit den Gewürzen abschmecken.

Die Terrine kann in beliebigen Formen angerichtet werden. Die Form vorher mit Öl auspinseln und mit Frischhaltefolie auslegen.

Schichtweise die bereitete Masse und die Comté-Scheiben in die gewählte Form geben, wobei man mit der Masse beginnen und enden sollte.

Die fertige Terrine etwa vier Stunden kühl stellen und vor dem Anrichten die Form auf einen flachen Teller stürzen.

Nach dem Abziehen der Frischhaltefolie kann die Terrine im Ganzen gleich auf dem Teller dekoriert werden, oder in Scheiben geschnitten und diese dann auf einzelnen Tellern angerichtet werden.

Dazu den Apfel ohne Kerngehäuse mit Schale zunächst in dünne Scheiben und diese dann in Streifen schneiden.

Die Apfelstreifen um die Terrinen drappieren und das Arrangement mit den Begonienblüten dekorieren.

Bärlauchkäsespätzle

Bärlauch fein schneiden, mit dem Öl in einen Kutter geben und zu Mus verarbeiten. Mehl, Eier, Grieß, Salz und ⅔ der Bärlauchpaste verrühren und so lange schlagen, bis der Teig Blasen wirft.

Einen großen Topf mit Wasser füllen, zum Kochen bringen und den Teig mit einem Spätzlehobel hinein schaben. Kurz aufkochen lassen und mit der Schaumkelle herausnehmen, abschrecken und abtropfen lassen.

Käse entrinden und in Scheiben schneiden. Butter in der Pfanne schmelzen und die Spätzle wenden.

Spätzle auf vorgewärmte Teller geben und den Käse auf den heißen Spätzle schmelzen lassen.

350 g Mehl
20 g Grieß
8 Eier
Salz
2 Bund Bärlauch
0,2 l Öl
300 g Gratte-Paille
Butter

165

Fromage blanc-Parfait mit Rotweinfeigen

Eigelb mit Zucker und heißem Wasser im Wasserbad schaumig schlagen und abkühlen lassen.

Sahne und Eiweiß getrennt steif schlagen.

In einer Schüssel den Fromage blanc und Limonensaft vermischen und die Eiermasse einführen.

Jetzt das steif geschlagene Eiweiß und die Sahne vorsichtig unterheben.

Abschließend die Masse in eine Form geben und mindestens für sechs Stunden gefrieren lassen.

Feigen aus dem Rotwein nehmen, achteln und zum Parfait auf den Teller geben. Rotweinsud aufkochen und über die Feigen träufeln.

Rotweinfeigen: Zucker und Wasser aufkochen. Das Wasser soll dabei verdampfen, ohne dass der Zucker karamellisiert!

Mit Rotwein aufgießen, die Vanilleschote halbieren und dazugeben, dann aufkochen lassen.

Unterdessen die Feigen mit einem Zahnstocher rundherum einstechen, in ein Gefäß legen und mit Rotwein vollständig überdecken dann 2–3 Tage stehen lassen.

Tipp: Das Parfait etwa eine Stunde vor dem Anrichten aus dem Gefrierschrank nehmen und in den Kühlschrank stellen.

4 Eigelb
4 Eiweiß
175 g Zucker
2 EL heißes Wasser
400 g Fromage blanc
Saft einer Limone
250 ml Sahne
4 frische Feigen
400 ml Rotwein
1 EL Zucker
1 EL Wasser
eine Vanilleschote

Glossar

A point – »Auf den Punkt«: Der Käse hat seinen optimalen Reifegrad erreicht.

Affineur – Fachkraft für die Käsereifung und -pflege.

Aminosäuren – Ddie Bausteine des Käseeiweißes, des Proteins.

AOC – Abkürzung von *Appelation d'Origine Contrôlée*. Das ist ein Schutz und eine Garantie für ein Qualitätsprodukt. Es bestimmt die Milch, die Region, die Herstellungsmethode und die Dauer der Reifung.

Artisanal – »Handwerklich«: Bei so hergestellten Käsen werden die wichtigsten Arbeitsgänge von Hand durchgeführt.

Bakterien – Einzellige Mikroorganismen, die an der Umwandlung von der Milch zum Käse beteiligt sind.

Bergkäse – Bezeichnung für eine Standartsorte die überall produziert werden kann – sie hat keine regionale Begrenzung. Lediglich die Trockenmasse, die Größe und eine Mindestreifezeit von 90 Tagen sind festgelegt.

Brillat-Savarin, Anthelme (1755–1826) – Ein Feinschmecker und Gastrophilosoph.

Bleu – Bedeutet blau und auf Käse bezogen Blauschimmelkäse.

Bruchmasse – Wird Milch zur Gerinnung gebracht, trennen sich die festen Bestandteile von den flüssigen. Diese festen Bestandteile werden als Bruchmasse bezeichnet.

Cage du Fromage (Käsekäfig) – Ein kleiner Holzkasten, dessen Seitenteile mit Fliegendraht bespannt sind, damit Luft zirkulieren kann und der Käse trocknet.

Casein – Das Käseeiweiß besteht aus drei Eiweißstoffen. Das Casein ist für die Käseherstellung das wichtigste. Das Milcheiweiß besteht zu etwa 75–85% aus diesem Eiweiß.

Cendré – »Geascht«: Bei der Asche handelt es sich um aufbereitete und pulverisierte Holzkohle. Diese wird vornehmlich zum Bestreuen von Ziegenkäse verwendet.

Cidre – Ein moussierender Apfelwein.

Dicklegen – Der Vorgang, wenn die Milch durch Lab oder Milchsäure zur Gerinnung gebracht wird.

Dorfkäsereien – Handwerklich arbeitende Betriebe, die nur die Milch bestimmter Bauernhöfe aus einem kleinen Umkreis handwerklich verarbeiten.

Einlaben – Unter Zugabe von Lab Milch zur Gerinnung bringen.

Fett i. Tr. – Fett in der Trockenmasse. Wenn dem Käse jeder Tropfen Flüssigkeit entzogen wird, verbleibt die Trockenmasse. Die Angabe bezieht sich auf den Anteil von Fett in dieser Trockenmasse.

Filata-Käse – Alle Käse, deren Bruch mit heißer Flüssigkeit überbrüht, geknetet und zu Strängen gezogen wird.

Gär- und Bitterstoffe – Mögliches Nebenprodukt bei unvollständig aufgeschlossenen Proteinen.

Girolle – Käseschaber für einen Käse mit gepresstem Teig.

Gütesiegel – Siehe *AOC*.

Hochalpbergkäse – Alle Käse, die während der Sommermonate (etwa 95–110 Tage) in den Bergen produziert werden. (Kein geschützter Begriff).

Kälberlab – Das meistverwendete Lab für die traditionelle Käseherstellung. Es enthält die Enzyme Chymosin und Pepsin und ist für die Gerinnung der Milch verantwortlich.

Käsebohrer – Ein einfaches Prüfgerät, mit dem man dem Hartkäse Proben entnimmt, um Reife und Qualität zu beurteilen.

Käsedraht – Zwei kurze Holzstücke, die mit einem Draht verbunden sind. Der Käsedraht wird zum Schneiden von Hartkäse verwendet.

Käseflora – Gesamtheit der Mikroorganismen, die in der Milch enthalten sind, und die die Herstellung und Reifung des Käses beeinflussen.

Käseharfe – Zwei Metallstäbe, zwischen die Drähte gespannt sind. Mit diesem Gerät wird die dickgelegte Milch zerschnitten.

Käsehobel – Gerät zum Schneiden von Hartkäse.

Käsehorden – Spezielle, stapelbare Käsepaletten, auf denen der Käse gelagert und gereift wird.

Käsekäfig – Siehe *Cage du Fromage*.

Käsemilben – 0,5 mm große Milben, die besonders gerne bei der Reifung von *Tommes* und *Mimolette* eingesetzt werden. Da die Milbe ein Schimmelvertiger ist, entwickeln sich andere Enzyme bei der Reifung, und durch die Oxidation wird damit der Käse beeinflusst.

Käsespaten – Schneidegerät für Hartkäse, das durch seine Form an einen Spaten erinnert.

Lab – Ein Enzym, das in den Magenwänden aller noch säugenden Säugetiere produziert wird. Mithilfe des Enzyms kann die aufgenommene Milch im Magen zu Käse verarbeitet und für den Stoffwechsel gespeichert werden.

Labersatzstoffe – Entweder Pilzarten, die speziell für die Milchgerinnung kultiviert wurden oder, gentechnisch veränderte Mikroorganismen, die diese Funktion ebenfalls erfüllen können.

Lichtmethode – Praktik zur Veränderung des Fortpflanzungszyklus bei Ziegen und Schafen, indem die Lichtverhältnisse von Sommer- oder Wintermonaten simuliert werden.

Lochbildung – Entstehung von Hohlräumen im Käselaib durch Kohlendioxyd.

Milbenreifung – Siehe *Käsemilbe*.

Milchsäurebakterien – Vergären den Milchzucker zu Milchsäure und senken den pH-Wert.

Molke – Flüssiger Bestandteil der geronnenen Milch.

Nachwärmen – Der Vorgang, wenn das ausgerührte Bruchkorn in der Molke noch einmal nachgewärmt wird, um dem Bruchkorn noch mehr Flüssigkeit zu entziehen.

Pasteurisieren – Das Verfahren, wenn die Rohmilch für 15 – 40 Sekunden auf 72 – 75 °C erhitzt wird.

Penicilium candidum – Lateinischer Name eines Weißschimmelpilzes.

Penicilium glaucum – Lateinischer Name eines Blauschimmelpilzes.

Pflanzenlab – Verschiedene Pflanzen enthalten Stoffe, die die Möglichkeit haben, Milch zum Gerinnen zu bringen. Die bekanntesten Pflanzen sind Feigen und Artischocken. Sie werden getrocknet, in ein Tuch gegeben und die Milch wird darüber gegossen.

Pikieren – Das Durchstechen der Käselaibe mit einem Nagelbrett.

Pineaux de Charantes – Ein Cognac, mit Traubensaft geprittet.

Pommeaux – Ein Calvados, mit Apfelsaft geprittet.

Proteine – Fachausdruck für Eiweiß.

Reifegrad – Wird normalerweise in vier Stufen eingeteilt: viertelreif, halbreif, dreiviertelreif und vollreif. Ziegenkäse stellt eine Ausnahme dar, dort spricht man von frisch, halbtrocken oder trocken.

Reifekeller – Alle Räumlichkeiten, in denen der Käse reift – auch wenn die Laibe nicht in einem Keller liegen.

Reifekulturen – Bauen Eiweiß und Fett durch Enzyme ab. So werden verschiedene Aromen und Geschmacksstoffe gebildet. Die Reifekulturen sind Rein- oder Mischkulturen und bestehen aus verschiedenen Mikroorganismen.

Salzbad – Eine 15–20%igen Salzlösung. Die frisch entformten Hartkäse werden dort für zwei bis drei Tage eingelegt, was der Rinden- und Geschmacksbildung dient.

Schimmelkulturen – Speziell gezüchtete Oberflächen- und Innenschimmelkulturen, die zur Sicherung der Produktion dem Käse aufgesprüht oder eingeimpft werden.

Schmiere – Äußere Schicht vor allem bei Käsen mit gewaschender Rinde, besthend aus säureabbauenden Bakterien. Sie wird durch regelmäßiges Abwaschen mit Salzwasser gefördert. Dabei wird der Eiweißabbau so stark gefördert, dass Peptide und Amine freigestzt werden und der markante Geruch dieser Käse entsteht.

Starterkulturen – Meist hauseigene Milchsäurebakterien, die jeder Käseproduktion zugegeben werden, das unterstützt die die Käseproduktion, (siehe auch *Reifekulturen*).

Summa Lacticinorum – Pantaleone da Confidenza veröffentliche dieses Werk 1477 in Turin, wo eine Vielzahl heute noch bekannter Käse aufgelistet ist.

Thermisieren – Eine schonende Wärmebehandlung. Die Milch wird für mindestens 15 Sekunden auf 57–68 °C erwärmt.

Terroir – Alle Einflüsse, die ein Produkt prägen – von der Landschaft bis hin zum Produzenten. Dieser Ausdruck wird oft im Zusammenhang mit Wein und der Weinproduktion verwendet, lässt sich aber auch auf Käse und die Käseherstellung anwenden.

Traditionskäse – Käse, die handwerklich und auf traditionelle Art und Weise hergestellt werden und deren Rezepturen oft schon einige hundert Jahre alt sind.

Trockenkammer – Der erste Reifekeller, in den die Käse nach der Herstellung gelangen.

Verkäsung – Die Verarbeitung der Milch zu Käse.

Wo Sie unseren Käse geniessen können

MS Europa
Heimathafen Hamburg

Schloß-Hotel Kurfürstliches Amtshaus
Restaurant Graf Leopold
Auf der Burg
54550 Daun i. d. Vulkaneifel
Telefon: (06592) 925-0
Telefax: (06592) 925-255

Restaurant Le Canard
Elbchaussee 139
22763 Hamburg
Telefon: (040) 881295-31
Telefax: (040) 881295-33

Bayerischer Hof
Promenadenplatz 2–3
80333 München
Telefon: (089) 2120-0
Telefax: (089) 2120-602

Imperial Hotels Austria AG
Restaurant Korso an der Oper
Kärntner Ring 1
A-1015 Wien
Telefon: 0043 (0) 1 515165-06
Telefax: 0043 (0) 1 515165-75

Adlon
Unter den Linden 77
10117 Berlin
Telefon: (030) 2261-0
Telefax: (030) 2261-2222

Hotel Elephant Weimar
Markt 19
99423 Weimar
Telefon: (03643) 802-0
Telefax: (03643) 802-610

Hotel Restaurant Eisenhut
Herrngasse 3–7
91541 Rothenburg
Telefon: (09861) 705-0
Telefax: (09861) 705-45

Hotel Bischoff am See
Schwaighofstraße 53
83684 Tegernsee
Telefon: (08022) 39660
Telefax: (08022) 1720

Kempinski Grand Hotel Heiligendamm
18209 Heiligendamm
Telefon: (038203) 740-0
Telefax: (038203) 740-7474

Altes Gymnasium
Süderstraße 6
25813 Husum
Telefon: (04841) 833-0
Telefax: (04841) 833-12

Hotel & Restaurant Schlosswirt zu Anif
Salzachtal-Bundestraße 7
A-5081 Anif bei Salzburg
Telefon: 0043 (0) 6246 72175
Telefax: 0043 (0) 6246 721758

Restaurant Alt Salzburg
Bürgerspitalgasse 2
A-5020 Salzburg
Telefon: 0043 (0) 662 841476
Telefax: 0043 (0) 662 8414764

MARITIM Hotel Würzburg
Pleichertorstraße 5
97070 Würzburg
Telefon: (0931) 3053-30
Telefax: (0931) 3053-900

ViCulinaris
Fröhlichgasse 5
83646 Bad Tölz
Telefon: (08041) 79288-91
Telefax: (08041) 79288-92

The Westin Bellevue Dresden
Große Meißner Straße 15
01097 Dresden
Telefon: (0351) 805-0
Telefax: (0351) 805-1609

Grand Hotel Russischer Hof
Goetheplatz 2
99423 Weimar
Telefon: (03643) 774-0
Telefax: (03643) 774-840

Tantris Restaurant
Johann-Fichte-Straße 7
80805 München
Telefon: (089) 361959-0
Telefax: (089) 3618469

Gutsschänke Schloß Vollrads
65375 Oestrich-Winkel
Telefon: (06723) 5270
Telefax: (06723) 998227

Arabella Sheraton Grand Hotel München
Restaurant Die Ente vom Lehel
Arabellastraße 6
81925 München
Telefon: (089) 9264-0
Telefax: (089) 9264-8699

Hotel Bareiss
Gärtenbühlweg 14
72270 Baiersbronn-Mitteltal
Telefon: (07442) 47-0
Telefax: (07442) 47-320

Hotel Rebstock zu Würzburg
Neubaustraße 7
97070 Würzburg
Telefon: (0931) 3093-0
Telefax: (0931) 3093-100